经典诵读与写作

李璐　周令航　胡静　张文玲　著

南京大学出版社

图书在版编目(CIP)数据

经典诵读与写作 / 李璐等著. — 南京：南京大学
出版社，2022.1(2025.1 重印)
ISBN 978 - 7 - 305 - 25358 - 4

Ⅰ．①经⋯ Ⅱ．①李⋯ Ⅲ．①汉语－阅读教学－高等
职业教育－教材②汉语－写作－高等职业教育－教材
Ⅳ．①H193.7②H193.6

中国版本图书馆 CIP 数据核字(2021)第 275882 号

出版发行　南京大学出版社
社　　址　南京市汉口路 22 号　　　　邮　编　210093
书　　名　**经典诵读与写作**
　　　　　JINGDIAN SONGDU YU XIEZUO
著　　者　李　璐　周令航　胡　静　张文玲
责任编辑　刁晓静　　　　　　　编辑热线　025 - 83686531
照　　排　南京南琳图文制作有限公司
印　　刷　广东虎彩云印刷有限公司
开　　本　787 mm×1092 mm　1/16 开　印张 10　字数 236 千
版　　次　2022 年 1 月第 1 版　2025 年 1 月第 5 次印刷
ISBN 978 - 7 - 305 - 25358 - 4
定　　价　38.00 元

网址：http://www.njupco.com
官方微博：http://weibo.com/njupco
官方微信号：njupress
销售咨询热线：(025) 83594756

序

时光荏苒，立德树人的初心不改。2018年，我院人文素养教育课程的阵营中，继茶艺、书法、剪纸之后又增加了新的成员——经典诵读与专业应用文写作。随着课程标准的落地，这门课在大家的期盼中正式写进人才培养方案，标志着我院人文素养教育在常态化、长效化的路上又进了一步。

读与写的能力，是关乎人一辈子的社会能力，是以价值观引领整合人格的教育，充分体现了我们教育的初心。我鼓励人文素养教育中心建立专业化的教研团队，改革创新教育模式，加强"听说读写"在育人实践中的应用。

读与写的能力，是助成专业成功发展的基础能力，并影响专业成效。"经典诵读与写作"这一课程的开设，兼顾了学生阅读、诵读、写作的现实需要，通过系统训练，使学生达到开口能说，动手会写的目标，为他们各项能力的进一步提升奠定坚实的基础，为他们走向社会、适应社会提供了先决条件。

本书设计了诵读和写作两个模块。诵读篇目是历朝历代的文学经典，以时间为轴，名家为主，各体兼备，提供音频、视频资料作为诵读辅助；写作模块分为文学写作和应用文写作，应用文写作又细分为对应不同专业需求的基础应用文和专业应用文两部分，能满足大学生实际应用的需要。

开好通识课程需要大胆探索，不断创新，与时俱进。《经典诵读与写作》拥有自己独立知识产权的教学内容，在传统"大学语文"课程的基础上，更加重视对数字资源的应用，课程教学和课堂管理均引入信息化教学手段，为学生搭建诵读互评的数字平台，鼓励学生创作并上传诵读作品，尤其是经典诵读在线擂台赛的设置,将该课程的考核评价体系延伸到手机终端。

　　人文素养教育是以春风风人、夏雨雨人的方式,进行润物细无声的熏陶。我们不追求轰轰烈烈的成绩,唯愿每一个走出校门的学生,都能坚定信仰、胸怀大志,在不断的历练和挑战中,手脑并用、家国共担,胸有成竹地书写人生。

陈剑旄谨识

2021 年 11 月

　　陈剑旄,男,汉族,湖南茶陵人,中共党员,哲学博士,二级教授,硕士生导师,湖南省伦理学会副会长。现任湖南信息职业技术学院院长、党委副书记。主要从事中国伦理思想史、高职教育可持续发展研究与教学工作。

目　　录

第一单元　入情 ·· 1

第一课　采薇 ··· 1

第二课　蒹葭 ··· 5

第三课　蓼莪 ··· 9

第四课　送元二使安西 ····································· 12

第五课　登岳阳楼 ·· 16

第六课　青玉案 ··· 19

第七课　乡愁 ··· 21

第二单元　入理 ·· 25

第一课　《论语》选篇 ······································ 25

第二课　楚辞·渔父 ······································· 28

第三课　陋室铭 ··· 33

第四课　岳阳楼记 ·· 34

第五课　念奴娇·赤壁怀古 ······························ 36

第六课　永遇乐·京口北固亭怀古 ···················· 39

第七课　芙蕖 ··· 41

第八课　示子侄 ··· 43

第三单元　入心 ·· 46

第一课　短歌行 ··· 46

第二课　将进酒 ··· 50

第三课　琵琶行 ··· 54

第四课　朝中措 ··· 60

第五课　念奴娇·过洞庭 ·································· 62

第六课　满江红·写怀 ·· 64

第七课　沁园春·长沙 ·· 67

第四单元　入境 ·· 71

第一课　陶渊明诗两首 ·· 71

第二课　春江花月夜 ··· 76

第三课　王维诗两首 ··· 80

第四课　满庭芳 ··· 83

第五课　点绛唇·丁未冬过吴松作 ···································· 86

第六课　荷塘月色 ·· 89

第七课　雨巷 ··· 94

第五单元　写作 ·· 101

第一课　现代诗写作 ··· 101

第二课　散文写作 ·· 109

第三课　应用文写作 ··· 118

参考文献 ··· 154

第一单元 入情

单元导读

　　我们的诵读训练,将从"入情"开始。我们选择了几种最有代表性的情感,包括家国情怀——《采薇》《登岳阳楼》,爱情——《蒹葭》,亲情——《蓼莪》,友情——《送元二使安西》,思乡之情——《乡愁》和闲情——《青玉案》。学生披文入情,于细微处感受作品之美,配乐有感情地朗读诗句,以读促悟,直至自然成诵。

第一课 采薇

课文导读

　　寒冬时节,雨雪霏霏,一位卸甲退役的老兵在归乡途中踽踽独行。道路崎岖,又饥又渴,乡关渐近,他的内心百感交集。一次又一次地盼归,一次又一次激烈的战斗,在他的脑中逐渐浮现。本诗是老兵归途中的追忆唱叹之作。

　　这首诗情感起伏较大,前半部分描写老兵思归情绪,语速放慢,蕴含着深沉的伤感。后半部分写战斗场面,语调应激昂如波峰起伏,突出军人的自豪感。最后四句"昔我往矣,杨柳依依……我心伤悲,莫知我哀",渐缓渐低,落入谷底。

课　　文

微课

采　薇①

采薇采薇,薇亦作②止③。曰归曰归,岁亦莫④止。
靡⑤室靡家,猃狁⑥之故。不遑⑦启居⑧,猃狁之故。
采薇采薇,薇亦柔⑨止。曰归曰归,心亦忧止。

---

　　① 薇:植物名。幼嫩时可供食用。　② 作:起。指薇菜刚刚长出地面。　③ 止:无义。用于语尾,以加强语气。　④ 莫(mù):通"暮"。指日落、黄昏的时候。　⑤ 靡(mǐ):没有。　⑥ 猃狁(xiǎn yǔn):我国古代北方少数民族。　⑦ 遑:闲暇、空闲。　⑧ 启居:跪和坐。均为古人家居生活行为,因泛指安居。启:跪。居:坐。　⑨ 柔:草木新生、茎叶幼嫩的样子。

忧心烈烈①，载饥载②渴。我戍③未定，靡使归聘④。
采薇采薇，薇亦刚⑤止。曰归曰归，岁亦阳⑥止。
王事靡盬⑦，不遑启处⑧。忧心孔⑨疚⑩，我行不来⑪。
彼尔维何⑫，维常之华。彼路斯何⑬，君子⑭之车。
戎车⑮既驾，四牡⑯业业⑰。岂敢定居，一月三捷。
驾彼四牡，四牡骙骙⑱。君子所依，小人所腓⑲。
四牡翼翼⑳，象弭鱼服㉑。岂不日戒㉒，猃狁孔棘㉓。
昔我往矣，杨柳依依㉔。今我来思，雨雪㉕霏霏㉖。
行道迟迟㉗，载渴载饥。我心伤悲，莫知我哀。

创作背景

　　《采薇》出自《诗经·小雅·鹿鸣之什》。关于它的创作年代，历代学者说法不一。《毛诗序》中说："《采薇》，遣戍役也。文王之时，西有昆夷之患，北有猃狁之难。以天子之命，命将率遣戍役，以守卫中国。故歌《采薇》以遣之。"由此可推断，这首诗以"猃狁之难"为时代背景。周朝时，猃狁常常入侵中原，给北方人民带来了巨大的灾难。于是周天子派兵驻守边外，守卫中原。《采薇》反映的就是出征猃狁时士兵的艰苦生活和思归情怀。

朗诵指导

采薇

采薇———↗采薇↘，薇亦↗作止↘。

曰归———↗曰归↘，岁亦↗莫止↘。

靡室↗靡家↘，猃狁↘之故↘。

不遑↗启居↘，猃狁↘之故

---

　　① 烈烈：形容极端强烈。　② 载……载……：且，又。同时做两个动作。　③ 戍：驻地。　④ 归聘：回家问安。　⑤ 刚：坚硬。　⑥ 阳：农历十月。　⑦ 靡盬：无止息。　⑧ 启处：指安居。　⑨ 孔：甚、很、非常。　⑩ 疚：病、痛苦。　⑪ 不来：不归。　⑫ 彼尔维何？维常之华：什么花儿开得这么美丽？棠棣花开繁盛美丽。彼：那、那个。尔：通"薾"(ěr)，(花)繁盛鲜艳。维何：是什么。维：语气助词。常：棠棣(táng dì)花。华：繁盛。　⑬ 彼路斯何：路，通"辂"，大车。斯：语气助词，无实义。斯何：同"维何"。　⑭ 君子：指地位高的人，这里指将帅。　⑮ 戎车：兵车。　⑯ 牡：指驾车的雄马。　⑰ 业业：高大强壮的样子。　⑱ 骙骙：战马雄壮的样子。　⑲ 小人所腓：士兵以车为掩护。小人：指士兵。腓：回避。　⑳ 翼翼：整齐的样子。　㉑ 象弭鱼服：象弭：以象牙装饰末梢的弓。鱼服：鱼皮制的箭袋。　㉒ 日戒：日日警惕戒备。　㉓ 孔棘：很紧急。　㉔ 依依：枝叶柔弱的样子。　㉕ 雨(yù)雪：下雪。这里作动词。　㉖ 霏霏：(雨、雪)纷飞的样子。　㉗ 迟迟：行走缓慢的样子。

采薇——采薇，薇亦柔止。

曰归——曰归，心亦忧止。

忧心烈烈——，载饥载渴。

我戍未定，靡使归聘。

采薇——采薇，薇亦刚止。

曰归曰归，岁亦阳止。

王事靡盬，不遑启处。

忧心孔疚，我行不来。

彼尔维何，维常之华。

彼路斯何，君子之车。

戎车既驾，四牡业业。

岂敢定居，一月三捷。

驾彼四牡，四牡骙骙。

君子所依，小人所腓。

四牡翼翼，象弭鱼服。

岂不日戒，猃狁孔棘。

昔我往矣，杨柳依依。

今我来思，雨雪霏霏。

行道迟迟，载渴载饥。

我心伤悲，莫知我哀。

本诗一共六章,可以分为三层。前三章为一层,描写的是士兵思归之情和戍役难归的原因。第四、五章是士兵追述在战场上行军作战的紧张生活。最后一章描写士兵的家园之思。整首诗既有忧伤的思归之情,也有昂扬的战斗之情,情感起伏较大,情绪转换较快,诵读时需要学生根据诗歌情感对不同章节内容进行不同处理。

诵读本诗时,首先确定"二二"的停顿节奏。前三章的前四句语调低沉,把声音拉长。首句以采薇起兴,"薇亦作止""柔止""刚止",描写薇菜的生长状态的词语需要重读。薇菜破土发芽,到幼苗柔嫩,到茎叶老硬,暗示时间的流逝,凸显戍役的漫长难捱。同样的,"岁亦莫止""忧止""阳止",明写士兵哀叹时间的虚度,也需要重读。"曰归曰归"放慢语调,表现士兵难忍的思归情绪。后四句写戍役难归的原因。"靡室靡家""我戍未定""王事靡盬"的原因皆为"猃狁之故"。诵读时,语调上扬,读出士兵为国赴难的坚定,语气铿锵有力,不拖泥带水。总的来说,前三章情感主要分为两个部分,一方面是恋家思亲的"小我"情绪,一方面是家国共担的"大我"精神。两种情感交织,构成了整首诗的感情基调。

第四、五章主要描写士兵回忆战斗的场面。以"彼尔维何,维常之华。彼路斯何,君子之车"两个设问句开篇,语调上扬,读出军人特有的骄傲。"君子之车,戎车既驾,四牡业业"描绘的是装备精良、战马强壮、战士威武的战斗场面,诵读时需加快语速,收音干净利落。"一月三捷"重读"三捷"两字,突出士兵对其所在军队战无不胜的自豪感。"驾彼四牡,四牡骙骙。君子所依,小人所腓。四牡翼翼,象弭鱼服"描写了在战车的掩护下,将士冲锋陷阵的激昂战争场面,需要继续加快语速,声调要昂扬,表现出士兵的英雄气概。

最后一章回归悲伤的情感基调,语速放缓。重读"今""昔"和"来""往",突出今昔对比,凸显士兵因时间流逝、生命虚耗而产生的悲伤情绪。"杨柳依依""雨雪霏霏"宜做拖音处理,读出重言的节奏感。最后,"我心伤悲,莫知我哀"中"伤悲"和"哀"字重读,突出士兵内心的孤独无助。

知识链接

《诗经》中还有一首感情基调更为昂扬的战歌《秦风·无衣》。它表现了秦国军民同仇敌忾、共御外侮的高昂士气和乐观精神。这首诗采用了重章叠句的艺术形式,读起来朗朗上口,极具韵律美。

无衣

岂曰无衣?与子同袍①。王②于兴师,修③我戈矛。与子同仇④!
岂曰无衣?与子同泽⑤。王于兴师,修我矛戟。与子偕作⑥!
岂曰无衣?与子同裳⑦。王于兴师,修我甲兵⑧。与子偕行⑨!

【注释】①袍:长袍。 ②王:天子。 ③修:整治、修理。 ④同仇:共同赴敌,对敌人表示共同的愤慨。 ⑤泽:内衣,即汗衫。通"襗"。 ⑥偕作:共同行动。 ⑦裳:古代下身穿的衣服。 ⑧甲兵:铠甲和兵械,泛指兵器。 ⑨行:同行。

第二课　蒹葭

课文导读

芦苇苍苍,白露微凉,河道蜿蜒曲折,在那深秋的芦苇深处,我心中思念的那个伊人,隔着水在那遥远一方,我逆流而上去寻找她,道路险阻又漫长,我顺流而下去追寻她,她宛如那水的中央。我心中的那位伊人啊,什么时候才能来到你的身旁?三千年前,一位君子站在水边黯然神伤,绵长的思念和惆怅与空灵缥缈的意境浇铸在一起,形成了一幅哀婉动人的画面。让我们重读《蒹葭》,在这回环往复的韵律里感受执着追求里的爱与哀愁。

课　文

微课

秦风·蒹葭①

蒹葭苍苍②,白露为霜。所谓伊人,在水一方。
溯洄③从④之,道阻且长。溯游⑤从之,宛在水中央。
蒹葭萋萋⑥,白露未晞⑦。所谓伊人,在水之湄⑧。
溯洄从之,道阻且跻⑨。溯游从之,宛在水中坻⑩。
蒹葭采采⑪,白露未已⑫。所谓伊人,在水之涘⑬。
溯洄从之,道阻且右⑭。溯游从之,宛在水中沚⑮。

创作背景

这首诗是两千多年前秦地的民歌。关于这首诗的内容,历来众说纷纭。主要有以下几种说法:一是"刺襄公"说。《毛诗序》中写道:"蒹葭,刺襄公也。未能用周礼,将无以固其国焉。"意为讽刺襄公不遵守周礼。二是"招贤"说。清代学者姚际恒认为:"此自是贤人隐居水滨,而人慕而思见之诗。"就是说"伊人"是隐居在水滨的贤人。三是"怀人"说。清代王凤梧认为:"《蒹葭》,怀人之作也。"四是诗意不定说。宋代朱熹认为:"言秋水方盛之时,所谓伊人,彼人者,乃在水一方,上下求之而皆不可得。然不知其何所指也。"他认为"伊人"的指向不明。但持第五种说法的人最多:"恋歌"说,认为这首诗写的

---

① 蒹葭(jiān jiā):芦苇。　② 苍苍:茂盛、众多。　③ 溯(sù)洄(huí):逆流而上。　④ 从:跟随。
⑤ 溯游:顺流而下。　⑥ 萋萋(qī):草茂盛的样子。　⑦ 晞(xī):晒干。　⑧ 湄(méi):水边、岸边。
⑨ 跻(jī):升上。　⑩ 坻(chí):水中高地。　⑪ 采采:繁盛的样子。　⑫ 已:完毕、完成。　⑬ 涘(sì):水边、岸边。　⑭ 右:迂回曲折。　⑮ 沚(zhǐ):凸起水面的小块陆地。

是可望而不可即的爱情。本书姑且也先把它当作一首爱情诗来解读。

🔲 **朗诵指导**

秦风·蒹葭

蒹葭苍苍——，白露——为霜。所谓伊人，在水一方。

溯洄从之，道阻且长。溯游从之，宛在——水中央。

蒹葭萋萋——，白露未晞。所谓伊人，在水之湄。

溯洄从之，道阻且跻。溯游从之，宛在——水中坻。

蒹葭采采——，白露未已。所谓伊人，在水之涘。

溯洄从之，道阻且右。溯游从之，宛在——水中沚。

整首诗节奏舒缓平稳，营造出朦胧虚幻的美感。它写的是追寻伊人——主人公的心上人的过程，我们要用轻柔的语调来朗读。整首诗为"二二"的停顿节奏，可分为三章，每四句为一章节。三章都表现同一内容，三章其实就是一章。那为什么不就只写一章呢？这是因为诗歌传唱一唱三叹，增强抒情效果，用反复的方式、变化的手法来增强抒情，特别有一种余韵悠长的美感。

特别要注意的是，每句诗不是简单的重复，而是在个别字词上有所替换。字词的变换使用，体现在时间和空间上。

时间的推移：白露为霜、白露未晞、白露未已——暗示了追寻时间之漫长。

空间的变换："伊人"在水一方、在水之湄、在水之涘；宛在水中央、宛在水中坻、宛在水中沚——暗示了追寻对白露为霜像的飘忽难觅。

重章叠句的使用，使秋景萧瑟凄冷的氛围、诗人强烈的企慕之心变得越来越强烈，怅然若失的哀婉之情也表达得愈加深沉。因此，我们在诵读时要读出情感的层次感。

在细节的处理上，特别要读好"苍苍""一方""水中央"等这些表位置的延长音。这几个词都是体现朦胧虚幻之感的。在那深秋的芦苇深处，"我"心中思念的那个伊人，隔着湛湛秋水站在另一方。这距离既让"我"感到伊人仿佛触手可及，却又不知所终，使"我"欲罢不能，徒添惆怅。用拖音处理，读出伊人的飘忽不定和主人公的相思之苦。

在描写"我"反复追寻的句子中，"溯洄从之""溯游从之"宜加快语速，表现出"我"在追寻伊人的路途中步履匆匆，既紧张又慌乱。重读这个"从"字，强调寻找过程的艰辛，"道阻且长"，追寻的道路艰难又漫长，重读"阻"与"长"。"我"不放弃，继续追寻啊，"溯游从之"，可伊人却"宛在水中央"，"宛"字重读，把现实架空，凸显追寻的渺茫。"我"追逐的不过是一场幻影，镜花水月终不可得。

《诗经》解读

(一)《诗经》简介

《诗经》是中国古代诗歌的开端,是最早的一部诗歌总集,据传为尹吉甫采集,孔子修订。《诗经》收集了西周初年至春秋中叶(前 11 世纪至前 6 世纪)的诗歌,共 311 篇(其中 6 篇有目无诗),古人取篇目整数,又称"诗三百"。它真实地展示了周王朝五百年间中国社会生活的全貌,反映了贵族祭祀和宴饮交往,以及劳动人民婚姻、恋爱、劳动、打猎等大量社会习俗,是当时社会生活的一面镜子。它表现的"饥者歌其食,劳者歌其事"的现实主义精神对后世文学影响深远。

(二)《诗经》内容

《诗经》分为《风》《雅》《颂》三个部分。宋代郑樵在《六经奥论》中说:"风土之音曰风,朝廷之音曰雅,宗庙之音曰颂。"《诗经》三个部分的作者来自不同的阶层,反映了周朝社会生活不同的方面。

《风》:共 160 篇,出自各地的民歌。它的作者一般是普通老百姓,表现了劳动人民的真实生活,如劳动、兵役、婚恋等,一般认为《风》是《诗经》中的精华。

《雅》:包括《小雅》74 篇,《大雅》31 篇,共 105 篇,合称"二雅"。《小雅》的作品大部分来自奴隶主贵族,也有部分是民谣;《大雅》几乎是贵族作品,内容主要为上层社会宴会或祭祀的乐歌。

《颂》:共 40 篇,包括《周颂》31 篇,《鲁颂》4 篇,《商颂》5 篇,合称"三颂"。主要是周朝天子诸侯祭祀或其他重大典礼的乐歌,内容大多颂扬祖先和天子恩德。

(三)《诗经》的艺术手法

《诗经》主要的艺术表现手法为"赋""比""兴"。我们将以《蒹葭》为例,依次说明这三种表现手法的特点。

"赋":用朱熹《诗集传》的解释,就是"敷陈其事而直言之者",即平铺直叙。"溯洄从之,道阻且长。溯游从之,宛在水中央"等句子直接叙述君子追求伊人的行动,通过"溯洄从之""溯游从之"的反复行动表现其追寻的艰辛,体现出主人公是一个百折不挠的君子。

"比":"以彼物比此物",即比喻。芦苇随风而荡,若飘若止,若有若无,凄凉萧瑟,就像诗人的思绪无限,恍惚飘摇。以景衬情,情景交织,正是"一切景语皆情语"的体现。

"兴":"先言他物以引起所咏之词",即借助其他事物为所咏之事做铺垫。简而言之,就是烘托氛围。《蒹葭》的故事背景设置在秋天的水边。"自古逢秋悲寂寥",秋景肃杀,最为伤悲。无情之水阻隔有情之人,诗人绵绵的思念与惆怅,正像这湛湛秋水,没有尽头。诗中出现的众多意象为人物如痴如醉的感情、委婉惆怅的追寻营造了一个凄清哀婉的意境,达到了烘托氛围的效果。

▌知识链接

　　《诗经》中爱情和婚恋诗歌占了相当大的比重,内容也非常丰富,是《诗经》中最为精彩的篇章。有些作品含蓄典雅,如《蒹葭》,又如《诗经》的首篇诗歌《关雎》。和《蒹葭》的爱情受阻不同,《关雎》诗歌里的君子虽追求淑女不得,辗转反侧,但他依然执着追求,用诚挚之心打动淑女,最终获得了"钟鼓乐之"琴瑟和鸣的大好结局;有的作品则直率奔放,呈现出"不忌言私奔"的时代特点。如《溱洧》,仲春三月上巳日,青年男女徜徉水边,相约游玩,大胆地向对方袒露心迹。诗意明朗,欢快,清新,充满喜气洋洋的生活情趣。

周南·关雎

关关雎鸠①,在河之洲。窈窕②淑女,君子好逑③。

参差荇菜④,左右流⑤之。窈窕淑女,寤寐⑥求之。

求之不得,寤寐思服⑦。悠哉悠哉⑧,辗转反侧。

参差荇菜,左右采之。窈窕淑女,琴瑟友之。

参差荇菜,左右芼⑨之。窈窕淑女,钟鼓乐⑩之。

【注释】① 雎(jū)鸠(jiū):动物名。一种水鸟,行一夫一妻制。　② 窈(yǎo)窕(tiǎo):贞静美好的样子。　③ 好(hǎo)逑(qiú):好配偶。　④ 荇(xìng)菜:水生植物。　⑤ 流:求取。
⑥ 寤(wù)寐(mèi):表示无时无刻。寤:睡醒。寐:就寝。　⑦ 思服:想念。　⑧ 悠哉悠哉:思之不已的样子。　⑨ 芼(mào):摘取。　⑩ 乐(lè):使……快乐。

郑风·溱洧①

　　溱与洧,方②涣涣③兮。士与女④,方秉⑤蕑⑥兮。女曰"观乎?"士曰"既⑦且⑧。""且往观乎⑨!"洧之外,洵吁⑩且乐。维⑪士与女,伊⑫其相谑⑬,赠之以勺药⑭。

　　溱与洧,浏⑮其清矣。士与女,殷其盈矣⑯。女曰"观乎?"士曰"既且。""且往观乎!"洧之外,洵吁且乐。维士与女,伊其将⑰谑,赠之以勺药。

【注释】① 溱(zhēn)洧(wěi):郑国两条河名。　② 方:正。　③ 涣涣:水势盛大的样子。
④ 士与女:泛指众游春男女。　⑤ 秉:用手执握。　⑥ 蕑(jiān):兰草。古人所说的兰草是一种香草,和今天的兰花不同。古代先民对散发着香气的花草特别钟爱。在郑国,每年三月上巳节,男女聚在溱、洧河边,秉执兰草,既有祓(扶fú,《说文》云:除恶祭也)除不祥之意,又象征自己品德芬芳如兰。　⑦ 既:已经。　⑧ 且(cú):通"徂",往、去。　⑨ 且往观乎:女劝男再往之辞。
⑩ 洵(xún)吁(xū)且乐:洧水之外确是宽旷而快乐。洵:真实、确实。吁:大。　⑪ 维:语助词。
⑫ 伊:语助词。　⑬ 相谑:互开玩笑。指男女间互相戏谑狎玩。　⑭ 勺药:即芍药。芍药的作用:一是结情说。郑玄所作《〈毛诗传〉笺》:"士与女往观,因相与戏谑,行夫妇之事。其别,则送女以芍药,结恩情也。"意思是芍药是定情信物。二是结情、去病说。这种说法符合仲春时节男女在溱水洧水岸边相会定情的主题,而且也暗合了上巳节到水边洗去污秽,被除不祥,祈求平安的古老传统。　⑮ 浏:水流清澈。　⑯ 殷其盈矣:游人熙熙攘攘。殷:众多。盈:满。　⑰ 将:通"相",彼此、交互。

第三课　蓼莪

课文导读

三千年前，一位孝子站在南山之巅。在肃杀悲凉的氛围里，暴风呼啸而来，他遥望远处的莪草，想起了早亡的父母，感慨自己再也不能回报父母养育的恩情，不禁悲从中来。《蓼莪》这首诗表达的就是孝子遭遇父母双亡的巨痛与凄凉，不少人读到此篇"执书恸泣"。本诗被清代文人方玉润称为"千古孝思绝作"。

课　文

微课

蓼　莪①

蓼蓼者莪，匪②莪伊③蒿。哀哀父母，生我劬劳④。

蓼蓼者莪，匪莪伊蔚⑤。哀哀父母，生我劳瘁。

瓶之罄矣，维罍之耻⑥。鲜民⑦之生，不如死之久矣。

无父何怙⑧？无母何恃⑨？出则衔恤⑩，入则靡至。

父兮生我，母兮鞠⑪我。拊⑫我畜⑬我，长我育我，

顾⑭我复⑮我，出入腹⑯我。欲报之德，昊天罔极⑰！

南山烈烈⑱，飘风⑲发发⑳。民莫不穀㉑，我独何害！

南山律律㉒，飘风弗弗。民莫不穀，我独不卒㉓！

创作背景

本诗来自《诗经·小雅·谷风之什》，《毛诗序》中说："《蓼莪》，刺幽王也，民人劳苦，

---

① 蓼(lù)莪(é)：蓼，长大茁壮的样子。莪，莪蒿，一种生于水田的草。李时珍《本草纲目》："莪抱根丛生，俗谓之抱娘蒿。"根据它抱根丛生的特点，古人常用它来比喻孩子长大后孝顺父母、回报父母的情况。　② 匪：同"非"。　③ 伊：表示肯定，相当于"是"。　④ 劬(qú)劳：劳苦、辛勤。　⑤ 蔚：植物名，俗称为"牡蒿"。　⑥ 瓶之罄(qìng)矣，维罍(léi)之耻：瓶：古代指比缶小的取水或装食物的容器。罄：本义为器中空，引申为尽、用尽。罍：古代一种盛酒的容器。整句意思：罍有水而瓶已空，不能分多予寡。指因未能尽职而心怀愧疚。也用以比喻与彼方关系密切，若不救助，深以为耻。　⑦ 鲜(xiǎn)民：无父母穷独之民。　⑧ 怙(hù)：倚靠。　⑨ 恃：依赖、依仗。　⑩ 衔恤：怀忧。　⑪ 鞠(jú)：养育。　⑫ 拊：通"抚"，抚育。　⑬ 畜(xù)：养育。　⑭ 顾：照看。　⑮ 复：返回，指不忍离去。　⑯ 腹：怀抱。　⑰ 昊天罔极：昊天：苍天、辽阔广大的天空。罔：无、极：尽头。指天空广大无边，比喻父母的恩德极大，无以回报。　⑱ 烈烈：高峻的样子。　⑲ 飘风：旋风，暴风。　⑳ 发发：风吹强烈、急速的样子。　㉑ 民莫不穀：不得养、不得相养。莫：没有。穀：即"谷"。　㉒ 律律：山势高大险峻的样子。　㉓ 卒：终，指养老送终。

孝子不得终养尔。"但欧阳修认为所谓"刺幽王，民人劳苦"等"非诗人本意"。按后世学者一般的理解，这是一首悼念父母的祭歌，表达的是"子欲养而亲不待"的悲痛之情。

朗诵指导

蓼莪

蓼蓼者莪——，匪莪伊蒿。

哀哀父母，生我劬劳。

蓼蓼者莪——，匪莪伊蔚。

哀哀父母，生我劳瘁。

瓶之罄矣，维罍之耻。

鲜民之生，不如死之久矣。

无父何怙？无母何恃？

出则衔恤，入则靡至。

父兮生我，母兮鞠我。

拊我畜我，长我育我，

顾我复我，出入腹我。

欲报之德。昊天罔极！

南山烈烈，飘风发发。

民莫不穀，我独何害！

南山律律，飘风弗弗。

民莫不穀，我独不卒！

本诗是祭歌，表现的是"子欲养而亲不待"的无限哀痛，全诗情感基调是凄哀、悲痛。诗歌一共分为六章，从内容上可以分为三个部分。前四句为第一部分，写的是父母生我养我的辛苦劳累。后四句为第二部分,写的是儿子失去双亲非常痛苦,自责自己不能成才,无法报答父母恩情,内心凄怆难言,朗诵时语速应该比较缓慢,语调比较低沉。"父兮生我"后六句为第三部分,描述的是父母如何抚养孩子。用了多个动词把"劬劳""劳瘁"具体化,是本诗情绪最激烈的地方。最后两句语速减缓。整首诗情绪起伏较大,诵读者需要认真把握。

"蓼蓼者莪,匪莪伊蒿。哀哀父母,生我劬劳。"主人公父母双亡,他走在河边突然看到了"莪"。走近一看,发现它是蓬蒿。这种植物没有什么用处,就像"我"一样无用啊,不能回报父母。第一句开始,情绪一路下降,悲从中来。

"瓶之罄矣,维罍之耻。"取瓶罍相资之意。瓶子比喻父母,罍比喻孩子。瓶子从罍装水,可罍已无储水。用来比喻孩子无以赡养父母,孩子的内心感到羞耻。这一段,情绪继续走低,内疚到无以复加,甚至希望"不如死之久矣",以一死来弥补自己内心的悔恨。

"无父何怙?无母何恃?"语调上扬,体现两个设问。这个问题不言自明,"出则衔恤",离开家的时候内心包含悲伤;"入则靡至",回来的时候,感觉再也回不到自己的"家",因为家里空空荡荡。父母的温暖早已不在。这一句旋律下降,语带哽咽。

"父兮生我,母兮鞠我。拊我畜我,长我育我,顾我复我,出入腹我。欲报之德。昊天罔极!"这是一组排比句,语速加快,一口气读出"生、鞠、拊、畜、长、育、顾、复、腹"九个动词和九个"我"字,一字一顿,给人以声嘶力竭的感受,这是本诗情绪最激烈的部分。"欲报之德,昊天罔极!"要用向天长号的语气读出来,表达养育之恩无以回报的悔恨。

"南山烈烈"后四句,用景物营造肃杀悲凉的气氛。语调继续下降,最后叠字"烈烈、发发、律律、弗弗",加重哀思,要读出哽咽难言的沉痛感。

知识链接

孝道文化是中国传统文化中非常重要的一部分。《蓼莪》是我国现存最早的歌颂父母养育恩情的诗歌,除此之外,中国历史上还有很多写"孝思"的佳作。比如唐朝诗人孟郊创作的五言乐府诗《游子吟》,通过描写一个看似平常的母亲为临行的孩子缝衣服的场景,质朴真挚地赞颂了普通而伟大的母爱,千百年来引起了无数读者的共鸣。又比如清朝诗人蒋士铨的《岁暮到家》,把久别归家的游子与母亲相见的场景写得细腻动人,母子情深跃然纸上。这两首诗都比较短,节奏较平缓,感情基调真挚真切。中国近现代也有不少这类主题的诗歌,如冰心的《纸船——寄母亲》,用孩子的口吻,通过"叠纸船"这样一种充满童趣的行为,寄托对母亲的爱和眷恋。这首诗前一章节奏轻快,后两章语调深沉、情感含蓄。

游子吟

[唐]孟郊

慈母手中线,游子身上衣。

临行密密缝,意恐①迟迟归。

谁言寸草②心③,报得三春晖④。

【注释】① 意恐:担心。 ② 寸草:小草。 ③ 心:语义双关,既指草木的茎干,也指子女的心意。 ④ 三春晖:春天灿烂的阳光,指慈母之恩。

岁暮到家

［清］蒋士铨

爱子心无尽,归家喜及辰①。

寒衣针线密,家信墨痕新。

见面怜清瘦,呼儿问苦辛。

低徊②愧人子③,不敢叹风尘④。

【注释】① 及辰:及时。 ② 低徊:徘徊。 ③ 愧人子:有愧于自己作为儿子未尽到孝养父母的责任。 ④ 风尘:旅途的劳累苦辛。

纸船——寄母亲

冰心

我从不肯妄弃了一张纸,

总是留着——留着,

叠成一只一只很小的船儿,

从舟上抛下在海里。

有的被天风吹卷到舟中的窗里,

有的被海浪打湿,沾在船头上。

我仍是不灰心地每天叠着,

总希望有一只能流到我要它到的地方去。

母亲,倘若你梦中看见一只很小的白船儿,

不要惊讶它无端入梦。

这是你至爱的女儿含着泪叠的,

万水千山,求它载着她的爱和悲哀归去!

第四课　送元二使安西

课文导读

　　知己难觅,知音难求。前有伯牙、钟子期"高山流水"的佳话,后有李白、贺知章"金龟换酒"的美谈。友情是人生中最珍贵的感情之一。《送元二使安西》和《别董大》这两首诗都是写友情的佳作。当惺惺相惜的两人即将分别之时,王维叹息着"西出阳关无故人",把万千叮咛和忡忡忧心都寄托在一杯杯酒里,高适则振臂高呼,"天下谁人不识君?"把离别赠言说得慷慨激昂,鼓舞人心。认真理解这两首情感截然不同的送别诗,感受相似情境下的别样心境。

课 文 一

微课

送元二①使②安西③
[唐]王维

渭城④朝雨浥⑤轻尘,客舍⑥青青柳色新。
劝君更尽一杯酒,西出阳关⑦无故人。

作者生平

王维(701—761年,一说699—761年),字摩诘,号摩诘居士。唐朝著名诗人,画家。他早年有过比较积极的人生抱负,希望能够在仕途上有所作为,但因政局变化无常而逐渐消沉,转而一心向佛。他的诗具有浓厚的佛教禅宗意味,以禅入诗,故后人称其为"诗佛"。他尤其擅长山水诗和书画,苏轼评价他:"味摩诘之诗,诗中有画;观摩诘之画,画中有诗。"

创作背景

朋友接受朝廷的使命即将到安西守护边疆,王维在渭城为他践行。离别之时,正是仲春三月,杨柳依依。今日一别,不知何日才能相见。在这样的情境下,王维写下了这首诗送别友人。这首诗后被乐人谱曲,名为"阳关三叠",又名"渭城曲",流传甚广,成为送别友人时的必唱曲目。

朗诵指导

送元二使安西
[唐]王维

渭城↗\朝雨——↗\浥\轻尘↘,

客舍↗\青青——↗\柳色\新↘。

劝君↗\更尽\一杯↗酒——,

---

①元二:王维的朋友,姓元,家中排行第二。 ②使:出使。 ③安西:指安西都护府,管辖包括今新疆和中亚等地。 ④渭城:地名,位于渭水北岸,约今陕西咸阳东北。 ⑤浥:润湿、沾湿。 ⑥客舍:供过往旅客休息住宿的屋舍。 ⑦阳关:地名,旧址在今甘肃省敦煌县西南,为出塞必经之地。

西出 阳关 —— 无 —— 故 —— 人 。

这首诗的主题为"送别友人"。全诗平易含蓄,词淡意远,饱含真挚的惜别之情。这首诗为七绝,是2—2—2—1或者2—2—1—2的节奏形式。诗的节奏感和韵律感都很强,诵读时,要注意一句之中的抑扬顿挫,也要注意句与句之间的对偶和押韵。

本诗前两句点明送别的时间、地点和环境氛围。朝雨、客舍、杨柳等意象构成了一幅风光如画的春日景象。"浥""青青""新",可重读,语调轻柔明快,凸显环境的清新明艳。这场告别,一扫过去离别时的阴霾和沉重,反而透出一种轻快而富有希望的情调。

后两句是千古名句,是诗人强烈、真挚的惜别之情的集中体现。朗读时要放慢语速,语势上扬。"劝君更尽一杯酒"中的"更"是"再"的意思,诗人劝对方喝一杯,再喝一杯,想用酒留住即将远行的友人,想让对方多留一刻。用重音强调"更"字,读出诗人对友人的不舍深情。最后一句,是诗人情绪喷发的顶点。"无——故——人",拖长语调,旋律一直向下。重读"无"字,读出诗人内心的复杂情绪,既有对友人前路珍重的殷切祝愿,也有对对方前路艰险的担心,更有各自分别之后前途茫茫未可知的隐忧。

课文二

别董大①二首(其一)
[唐] 高适

千里黄云②白日③曛④,北风吹雁雪纷纷。
莫愁前路无知己,天下谁人⑤不识君⑥?

作者生平

高适(约704—765年),唐朝著名边塞诗人。他年少时有游侠之风,几度外出游历,渴望建功立业。后受河西节度使哥舒翰推荐,从戎入幕。安史之乱后,受命平永王之乱,讨伐安史叛军。763年,吐蕃作乱,高适率兵与之战。因功封渤海县侯,世称"高常侍",有《高常侍集》传世。他的诗笔力雄健,洋溢着盛唐时期特有的积极进取、蓬勃向上的时代精神。他与岑参并称"高岑",后人又把高适、岑参、王昌龄、王之涣合称"边塞四诗人"。

创作背景

唐天宝六载(747年),宰相房琯被贬,他的门客董庭兰也因此离开长安。这年冬,高适与老友董庭兰在睢阳重逢。"他乡遇故知",是人生一大幸事,然而在短暂的相聚过后他们又将各奔他方。高适写下《别董大》赠与友人,表现了困顿人生境遇下的豁达胸襟。

---

① 董大:即董庭兰,唐朝著名琴师。 ② 黄云:边塞的云。塞外沙漠地区黄沙飞扬,天空常呈黄色,故称"黄云"。 ③ 白日:太阳。 ④ 曛:日落的余晖。 ⑤ 谁人:哪个人。 ⑥ 君:在这里指"你"。

朗诵指导

别董大二首(其一)

[唐] 高适

千里黄云白日曛，

北风吹雁雪纷纷。

莫愁前路无知己，

天下谁人不识君？

　　在赠别友人的诗篇里，多的是缠绵悱恻、低徊流连的作品，高适的这首《别董大》，给"伤别离"的主题增添了一种慷慨、豁达的色彩。本诗虽短，但有情感急转的部分，先缓慢后加快，先低抑后昂扬。在诵读这首诗时，要注意处理情感的跌宕起伏。这首诗同样也是七言绝句，按词语应当划分为 2—2—2—1 或者 2—2—1—2 的节奏形式，要注意诵读的停连。

　　"千里黄云白日曛，北风吹雁雪纷纷"，前两句要舒缓、低沉，把声音拉长。全诗以悲景开篇，用"黄云白日、大雪纷飞、北风狂吹"等独具特色的边塞意象为这场离别营造一种苍茫情境。"千里""白日""北风""雪纷纷"等词可以重读的方式处理。断雁南飞，出没寒云，就像是孤勇之士独闯险恶之境一般，极具象征意义。"雁"字拖长，语势上扬。

　　"莫愁前路无知己，天下谁人不识君？"情感急转，由苍凉悲壮转向豁达豪放。语气坚定有力，充满力量，收音不应拖泥带水。"莫愁"两字重读，表明虽然都是"天涯沦落人"，但我们不因目前处境的困厄而感到愁苦。毕竟天下有谁不知道你(董大)呢？慰藉中充满信心和力量。"天下谁人不识君"中末尾"君"字语势上扬，无疑而问，读时要斩钉截铁，加重语气，情感上表达对问题答案的肯定及坚定，充分表现出诗人的乐观精神。

知识链接

　　"诗仙"李白为人豪放，广交朋友，写了不少留赠友人的诗歌。《金陵酒肆留别》这首诗里，首句用"柳花"、酒香等意象营造出一幅春光明媚的图景。后两句用比喻、反问等修辞手法，借滔滔的江水喻连绵的情谊，节奏明快，情韵悠长，具有极强的感染力。《赠汪伦》这首诗热情洋溢，流畅明快，充满情趣。李白告别时汪伦前来送行，边走边唱，人未到而声先闻，一扫离别的阴霾，表明两人都是爽朗豁达之人。后两句拿桃花潭水深不见底与友人汪伦对自己的深厚情谊做比，意短情长。即使面临伤感的离别，李白依然能够用旷达的胸襟对待，我们在诵读时，要特别注意读出李白的豪迈与大气。

金陵酒肆留别

〔唐〕李白

风吹柳花满店香，吴姬①压酒②唤客尝。

金陵③子弟④来相送，欲行⑤不行⑥各尽觞⑦。

请君试问东流水，别意与之谁短长？

【注释】 ① 吴姬：吴地的美女，这里指酒肆的侍女。　② 压酒：榨酒。　③ 金陵：今南京。　④ 子弟：后生晚辈。这里指李白的朋友。　⑤ 欲行：将要走的人，指李白。　⑥ 不行：不走的人，指友人。　⑦ 觞（shāng）：酒杯。

赠汪伦

〔唐〕李白

李白乘舟将欲行，忽闻岸上踏歌①声。

桃花潭水深千尺，不及汪伦送我情。

【注释】 ① 踏歌：舞名。古人泛指以足踏地为节，载歌载舞的群众自娱性舞蹈为踏歌。

第五课　登岳阳楼

课文导读

《登岳阳楼》这首诗是杜甫晚年的代表作，被后人誉为"登楼第一诗"，又被称作盛唐"五律第一"。它描写了洞庭之景，却不局限于写岳阳楼和洞庭水，其身世之悲，国家之忧，与洞庭的壮阔景象融合无间，形成了博大深远、沉郁悲壮的意境。诵读时，要读出悲凉、沧桑之感。

课　文

登岳阳楼

〔唐〕杜甫

昔闻洞庭①水，今上岳阳楼②。

吴楚东南坼③，乾坤④日夜浮。

---

① 洞庭：中国第二大淡水湖，在湖南省北部。　② 岳阳楼：在湖南省岳阳市西门上。始建于唐代，宋代滕子京重修，以范仲淹所作《岳阳楼记》闻名。　③ 坼：裂开。　④ 乾坤：本是易经上的两个卦名，后借称天地、阴阳、男女、夫妇、日月等。在本诗中指日月。

亲朋无一字①,老病②有孤舟。

戎马③关山北,凭轩④涕泗流。

作者生平

杜甫(712—770 年),字子美,自号少陵野老,汉南巩县(今河南巩义)人。代表作"三吏"(《新安吏》《石壕吏》《潼关吏》)"三别"(《新婚别》《垂老别》《无家别》)。他是我国文学史上伟大的现实主义诗人。他的诗真实深刻地反映了安史之乱前后一个历史时代政治时事和广阔的社会生活画面,因此自唐代以来,他的诗被公认为"诗史"。他的诗还体现了中国儒家文化中一些重要的优秀品质和情怀。他"穷年忧黎元""济时肯杀身"的以天下为己任的社会责任感和忧患意识,使后人给他冠以"诗圣"的称号。

创作背景

唐代宗大历三年(768 年),安史之乱虽已结束,但各地藩镇割据,大唐盛世已一去不复返。吐蕃几次攻到长安,北方不宜久留。眼看北归无望,杜甫一家人寄居在一只小船上,从夔州一路漂泊到湖南岳阳,再沿着洞庭湖向南漂泊。当时杜甫已经五十七岁,他身患肺病及风痹症,左臂偏枯,右耳已聋,靠喝药勉强维持生命。这时,距他生命的终结只有两年时间,他的处境非常艰难。

在这首诗中,杜甫描绘了他登上岳阳楼看到的洞庭宏伟壮丽的景象,也借景抒情,表达了他忧国忧民的情怀。他不只是感叹自己的穷困潦倒、漂泊无依,更是为正处于战火之中的国家"涕泗"横流。他命运坎坷,身份卑微,但不管自身如何穷困潦倒,他都心念百姓的疾苦,关注着神州天下。这就是杜甫被称作"千秋诗圣"的原因。

朗诵指导

登岳阳楼
[唐] 杜甫

昔闻洞庭水,今上岳阳楼。

吴楚东南坼,乾坤日夜浮。

亲朋无一字,老病有孤舟。

戎马关山北,凭轩涕泗流。

《登岳阳楼》这首诗虽短,但包含内容极为丰富,情感基调是壮阔大气之中又包含忧国忧民、感时伤逝的感慨。总体来看,洞庭景色的开阔和诗人胸襟的博大互为表里。虽

①　字:指书信。　②　老病:年老多病。　③　戎马:兵马。　④　凭轩:靠着窗户。

然悲伤，但不消极。整首诗为"二二一"的停顿节奏，诵读时要注意停顿和语速、语气，语速要慢，语气要低沉，在每一联最后要拖延悠长。

首联：从"昔闻"到"今上"长达数年，包含着人世沧桑之感，要用深沉的语调读。重读"今""昔"，在今昔之间，个人命运在变，国家命运也发生了巨大的转变，这声长叹里，是杜甫忧国忧民、感时伤世的感慨。

颔联：诗人登高楼远眺，看到的是一幅无比壮丽的画面。上面是无际的天光云影，下面是无边的波涛起伏，水天相映和波涛的起伏反映着天光云影的起伏，就好像天空在湖水中动荡。这一句的气势非常雄伟，重读"坼""浮"两个动词，突出方圆数千里的江南大地被洞庭湖水訇然裂为两片的动态感。"日夜浮"尤应慢读，读出洞庭包容天地万物，并且主宰着日月星辰的沉浮的磅礴气势。

颈联：诉说个人经历的辛酸，语调要再低一些。重读"无"和"有"两字，突出对比。杜甫"无"的是音信断绝，不知道亲属生死状况；"有"的是一叶孤舟，全家大小在一艘小船上漂泊度日，其生活惨状可以想见。"孤舟"二字宜拖音。"孤舟"具有象征意义。作为一个垂垂老者，他意识到了自己是被抛弃在洞庭湖上的一叶孤舟。这孤舟是杜甫晚年生活的寄生之所，同时也是他孤苦无依、一生病痛真实的生活写照。

尾联：最后一句是杜甫直抒胸臆的句子，要用悲痛的语气读。他悲痛的是国家动荡不安，百姓流离失所。"涕——泗——流"，语速渐缓，读出杜甫内心无可奈何、万分压抑的精神痛苦。

知识链接

杜甫作为最伟大的爱国主义诗人，有很多表现他炽热的忧国情感的诗篇。在《茅屋为秋风所破歌》中，他通过描述自身的苦难，来表现"天下寒士"的苦难、社会的苦难。"呜呼！何时眼前突兀见此屋，吾庐独破受冻死亦足！"杜甫这种迫切要求变革黑暗现实的崇高理想，千百年来一直激荡在读者的心中。

本诗可以分为四节，全诗以七言为主，可分为"四三"停顿节奏。前三节基本用降调，语调低沉婉转，表现出茅屋被破坏的焦虑、儿童抱茅的无奈和风雨交侵的痛苦。最后一节请语调上扬，语速加快，读出杜甫为天下寒士呼号的激昂情绪。

茅屋为秋风所破歌
[唐] 杜甫

八月秋高风怒号，卷我屋上三重茅。茅飞渡江洒江郊，高者挂罥①长林梢，下者飘转沉塘坳②。

南村群童欺我老无力，忍③能对面为盗贼，公然抱茅入竹去。唇焦口燥呼不得④，归来倚杖自叹息。

俄顷⑤风定云墨色，秋天漠漠向昏黑。布衾⑥多年冷似铁，娇儿恶卧踏⑦里裂⑧。床头屋漏无干处，雨脚如麻未断绝。自经丧乱⑨少睡眠，长夜沾湿何由彻⑩？

安得⑪广厦⑫千万间,大庇⑬天下寒士俱欢颜,风雨不动安如山。呜呼! 何时眼前突兀⑭见此屋,吾庐独破受冻死亦足⑮!

【注释】① 挂罥:悬挂。　② 塘坳:池塘或有水的洼地。　③ 忍:狠心。　④ 呼不得:喝止不住。　⑤ 俄顷(qǐng):很短的时间。　⑥ 衾:被子。　⑦ 恶卧:睡相不好。　⑧ 裂:使……裂。　⑨ 丧(sāng)乱:时局动乱。　⑩ 何由彻:如何才能挨到天亮。彻:彻晓、达旦、直至天明。　⑪ 安得:如何能得到。　⑫ 广厦(shà):宽广高大的房屋。　⑬ 庇:遮蔽、掩盖。　⑭ 突兀(wù):高耸的样子。　⑮ 足:值得。

第六课　青玉案

课文导读

　　贺铸与你擦肩而过,把满腔闲愁留在横塘驿上。风雨千年,横塘还在。时间的消逝,在年轻的时候,往往感觉不到,而到了老年时,从初春的一川烟草看到满城风絮的仲春,再到梅子黄时雨的春之结束,如电影般历历在目,空度一场好春光的遗憾之情,便留下了词里的这缕惆怅。

课文

青玉案
[宋] 贺铸

　　凌波①不过横塘②路,但目送、芳尘去。锦瑟年华③谁与度? 月桥花院,琐窗朱户,只有春知处。　飞云冉冉蘅皋④暮,彩笔新题断肠句。若问闲情都几许? 一川烟草,满城风絮。梅子黄时雨。

创作背景

　　贺铸(1052—1125 年),字方回,号庆湖遗老,卫州(今河南卫辉)人。宋太祖孝惠皇后族孙。贺铸工词,风格多样。有《东山词》一出,即受推崇,如黄庭坚寄诗以贺;周紫芝在《竹坡诗话》中写到贺铸被当时文士称为"贺梅子"。文中情境,似乎是词人的一场单

---

　　① 凌波:形容女子步履轻盈,曹植《洛神赋》中有:"凌波微步,罗袜生尘"描写洛水女神轻盈的仪态。　② 横塘:横塘驿,在苏州旧城南十余里,贺铸在这里筑有别业。　③ 锦瑟年华:美好的年光。语出李商隐《锦瑟》:"锦瑟无端五十弦,一弦一柱思华年。"　④ 蘅皋(héng gāo):指长满杜蘅香草的水岸边。蘅:香草名,即杜蘅。皋:岸、水边高地。

恋与相思意，自春徂夏的季节流转，带来了哀怨，带来了闲愁，也带来了执着。

诵读指导

青玉案
［宋］贺铸

— — — ｜ — — ｜ ｜ ｜ — ｜ — ｜

凌波／不过／横塘路，但目送、芳尘去。

锦瑟年华／谁与度？

｜ — — ｜ ｜ — — ｜ ｜ ｜ — — ｜

月桥／花院，琐窗／朱户，只有／春知处。

— — ｜ ｜ — — — ｜ — — ｜ ｜ — ｜

飞云／冉冉／蘅皋暮，彩笔／新题／断肠句。

若问／闲情／都几许？

｜ — — ｜ ｜ — — — ｜ — ｜ — ｜

一川／烟草，满城／风絮。梅子黄时／雨。

本词诵读以轻缓绵长为佳，上片之美人，不能接近亦不知其情况，满腔无可奈何，自恨不如春风之无所不到。下片要读出词人在失望之后的痴情守候之感，从朝到暮，从春到夏，久久相守却又抑郁之味。

知识链接

更漏子
［宋］贺铸

上东门，门外柳。赠别每烦纤手。一叶落，几番秋。江南独倚楼。　曲阑干，凝伫久。薄暮更堪搔首。无际恨，见闲愁。侵寻天尽头。

感皇恩
［宋］贺铸

兰芷满汀洲，游丝横路。罗袜尘生步。迎顾。整鬟颦黛，脉脉两情难语。细风吹柳絮。人南渡。　回首旧游，山无重数。花底深、朱户何处。半黄梅子，向晚一帘疏雨。断魂分付与。春将去。

薄幸
［宋］贺铸

淡妆多态，更的的、频回眄睐。便认得、琴心先许，与缩合欢双带。记画堂、风月逢迎，轻颦浅笑娇无奈。向睡鸭炉边，翔鸳屏里，羞把香罗偷解。　自过了烧灯后，都不见、踏青挑菜。几回凭双燕，丁宁深意，往来翻恨重帘碍。约何时再。正春浓酒暖，人闲昼永无聊赖。厌厌睡起，犹有花梢日在。

浣溪沙
〔宋〕贺铸

不信芳春厌老人,老人几度送余春。惜春行乐莫辞频。 巧笑艳歌皆我意,恼花颠酒拚君瞋,物情惟有醉中真。

蝶恋花
〔宋〕贺铸

几许伤春春复暮。杨柳清阴,偏碍游丝度。天际小山桃叶步。白头花满湔裙处。竟日微吟长短句。帘影灯昏,心寄胡琴语。数点雨声风约住。朦胧淡月云来去。

望湘人
〔宋〕贺铸

厌莺声到枕,花气动帘,醉魂愁梦相半。被惜余薰,带惊剩眼。几许伤春春晚。泪竹痕鲜,佩兰香老,湘天浓暖。记小江、风月佳时,屡约非烟游伴。 须信鸾弦易断。奈云和再鼓,曲终人远。认罗袜无踪,旧处弄波清浅。青翰棹舣,白蘋畔。尽目临皋飞观。不解寄、一字相思,幸有归来双燕。

第七课 乡 愁

课文导读

"乡愁"是中国文人笔下亘古不变的话题。这个词似乎总是很难形容,岁月荏苒、归期遥远、旅途困厄,为思乡提供了最好的酵母。这种浓得化不开的情绪化成了文人笔下一个个具体的意象。它既是李白笔下"举头望明月,低头思故乡"的那一弯明月,也是王维"遥知兄弟登高处,遍插茱萸少一人"回忆里那巍巍的高山。既是席慕蓉在诗中刻画的"一种模糊的怅望",也是余光中《乡愁》里的一枚邮票、一张船票、一方坟墓和一弯海峡。这首妇孺皆知的新诗名篇,用哀伤委婉的语调,说出了海内外亿万华人的心声。

课 文

微课

乡愁
余光中

小时候
乡愁是一枚小小的邮票

我在这头
母亲在那头

长大后
乡愁是一张窄窄的船票
我在这头
新娘在那头

后来啊
乡愁是一方矮矮的坟墓
我在外头
母亲在里头

而现在
乡愁是一湾浅浅的海峡
我在这头
大陆在那头

作者生平

余光中（1928—2017 年），著名诗人。祖籍福建，生于南京，母亲是江苏人，故他也自称"江南人"。年幼时在南京读书，1947 年进入金陵大学外语系，1949 年迁往香港，后赴台。他一生深耕诗歌、散文、评论、翻译等领域，尤其擅长诗歌和散文，被称为"右手写诗，左手写散文"的文坛怪杰。著有诗集《白玉苦瓜》、散文集《记忆像铁轨一样长》等。

余光中在中国台湾生活多年，没能回到他心心念念的家乡。在这种强烈的思想情绪中，他把诗笔"伸回那块大陆"，写了许多动情的乡愁诗，在海峡两岸都具有很高的影响力。他曾写下《浪子回头》一诗，其中有名句"掉头一去是风吹黑鬓，回首再来已雪满白头"，因而他被台湾诗坛称为"回头浪子"。

创作背景

1971 年，余光中离开大陆已有 20 余年之久，他在强烈的思乡情绪中，于台北厦门街旧居写下了这首脍炙人口的《乡愁》。诗歌一经发表，立即在海峡两岸甚至全球都引起了轰动。

朗诵指导

乡　愁
余光中

小时候，

乡愁\是一枚\小小的\邮票，

我\在这头，

母亲\在那头。

长大后。

乡愁\是一张\窄窄的\船票，

我\在这头，

新娘\在那头。

后来啊，——

乡愁\是一方\矮矮的\坟墓，

我\在外头，

母亲\在里头。

而现在，——

乡愁\是一湾\浅浅的\海峡，

我\在这头，

大陆\在那——头——。

　　这首诗语速缓慢舒展，语调的起伏不大，以一个"愁"字统摄全篇。诗歌一共分为四章，把少年、青年、中年和老年不同时期的乡愁用邮票、船票、坟墓和海峡等具体意象表达出来，感情上层层递进。朗读时要放慢语速，在平稳中找到跌宕，在规整中找到参差，读出诗人随着年岁的增长越来越浓郁的思乡之情。

　　在诗歌的第一章，"乡愁"首次出现。这里的乡愁是自然距离之隔，情绪不能太过强烈。语气要轻柔舒缓，体现少年朦胧的愁思。从少年到青年成家，"乡愁"日渐浓郁，重读形容词"窄窄的"，读出船票传递的乡愁的意象美。"后来啊"，语气放缓，读出悠长深切之感。"啊"字略带拖音并带有叹息的意味，就像是一位历经半世风雨的中年人娓娓道来。这时的"乡愁"是生死之隔，读到"坟墓"一词时，要沉重、缓收，给人以苍凉、荒芜之感。读到"母亲"一词时要重读，比上一个"母亲"更有力量。这时的"母亲"已经离自己而去，要读出作者悲伤思念的缅怀，似有呜咽之感。最后一章，写的是家国情怀，由"小"感情，转为"大"感情，字字着力。"而现在"，语调高升，停顿较长时间，给听者留下悬念。"浅浅的海峡"中"浅浅"加以强调，凸显台湾和祖国大陆相隔咫尺却无法统一的遗憾，"大陆在那头"中"那"重读，"头"字拖长。最后一章是全诗情感的升华，将个人的怀乡之情升华为崇高的爱国深情,要读得意味深长,引起听者的共鸣。

知识链接

除了诗歌有不少表现"乡愁"的佳作,余光中的散文也有很多以"乡愁"为主题的作品。余光中的散文被称作"诗化了的散文"。在《听听那冷雨》中,他用诗化的语言、密集的意象和化用的诗词,勾勒出一个在冷雨中孑孑独行的游子形象,将厚重的乡愁勾勒得淋漓尽致。诵读时,语气要轻柔舒展,读出哀婉寥落之感。

听听那冷雨(节选)
余光中

雨不但可嗅,可亲,更可以听。听听那冷雨。听雨,只要不是石破天惊的台风暴雨,在听觉上总是一种美感。大陆上的秋天,无论是疏雨滴梧桐,或是骤雨打荷叶,听去总有一点凄凉、凄清、凄楚,于今在岛上回味,则在凄楚之外,再笼上一层凄迷了,饶你多少豪情侠气,怕也经不起三番五次的风吹雨打。一打少年听雨,红烛昏沉。再打中年听雨,客舟中江阔云低。三打白头听雨的僧庐下,这更是亡宋之痛,一颗敏感心灵的一生:楼上,江上,庙里,用冷冷的雨珠子串成。

雨打在树上和瓦上,韵律都清脆可听。尤其是铿铿敲在屋瓦上,那古老的音乐,属于中国。王禹的黄冈,破如橡的大竹为屋瓦。据说住在竹楼上面,急雨声如瀑布,密雪声比碎玉,而无论鼓琴,咏诗,下棋,投壶,共鸣的效果都特别好。这样岂不像住在竹和筒里面,任何细脆的声响,怕都会加倍夸大,反而令人耳朵过敏吧。

雨天的屋瓦,浮漾湿湿的流光,灰而温柔,迎光则微明,背光则幽暗,对于视觉,是一种低沉的安慰。至于雨敲在鳞鳞千瓣的瓦上,由远而近,轻轻重重轻轻,夹着一股股的细流沿瓦槽与屋檐潺潺泻下,各种敲击音与滑音密织成网,谁的千指百指在按摩耳轮。"下雨了",温柔的灰美人来了,她冰冰的纤手在屋顶拂弄着无数的黑键啊灰键,把晌午一下子奏成了黄昏。

第二单元　入理

单元导读

　　理致,是指思想情趣。《颜氏家训·文章》写道:"文章当以理致为心肾,气调为筋骨,事义为皮肤,华丽为冠冕。"《南史·刘之遴传》中也有:"说义属诗,皆有理致。"理趣,是表现哲理的文学作品,一度成为宋明文士精神乐园的标志,他们留下了不少富含理趣、体现义理情趣、思理情致的文学作品。本单元从《论语》发端,撷楚辞经典,录唐宋名篇,皆以"理"见长,诵中知几,在反复的诵读训练中,不断凝练同学们知书明理的文化素养。

第一课　《论语》选篇

课文导读

　　《论语》是中国人的文化基因库,钱穆先生认为是自西汉以来,中国识字人一部人人必读书。《论语》开篇即曰:"学而时习之,不亦说乎? 有朋自远方来,不亦乐乎? 人不知而不愠,不亦君子乎?"孔子一生为人,即在悦于学而乐于教。"书读百遍,其义自见。"本课节选的内容,对青年学生的为人处世、习惯养成大有裨益。

课　文

微课

《论语·学而》节选

　　子曰:"学而时习之,不亦说乎? 有朋自远方来,不亦乐乎? 人不知而不愠①,不亦君子乎?"

　　曾子曰:"吾日三省吾身——为人谋而不忠乎? 与朋友交而不信乎? 传不习乎?"

　　子曰:"君子食无求饱,居无求安,敏于事而慎于言,就有道而正焉。可谓好学也已。"

---

　　① 愠(yùn):恼怒、生气。

《论语·为政》节选

子曰："为政以德,譬如北辰居其所而众星共之。"

子曰："吾十有五而志于学,三十而立,四十而不惑,五十而知天命,六十而耳顺,七十而从心所欲,不逾矩。"

子曰："温故而知新,可以为师矣。"

子曰："学而不思则罔,思而不学则殆。"

子曰："由!诲女知之乎?知之为知之,不知为不知,是知也。"

《论语·八佾①》节选

定公问:"君使臣,臣事君,如之何?"孔子对曰:"君使臣以礼,臣事君以忠。"

子曰:"居上不宽,为礼不敬,临丧不哀,吾何以观之哉?"

《论语·里仁》节选

子曰:"朝闻道,夕死可矣。"

子曰:"君子怀德,小人怀土;君子怀刑,小人怀惠。"

子曰:"君子喻于义,小人喻于利。"

子曰:"见贤思齐焉,见不贤而内自省也。"

子曰:"父母在,不远游,游必有方。"

《论语·公冶长》节选

宰予昼寝。子曰:"朽木不可雕也,粪土之墙不可杇②也;于予与何诛?"

子贡问曰:"孔文子何以谓之'文'也?"子曰:"敏而好学,不耻下问,是以谓之'文'也。"

《论语·雍也》节选

子曰:"贤哉,回也!一箪③食,一瓢饮,在陋巷,人不堪其忧,回也不改其乐。贤哉,回也!"

子曰:"质胜文则野,文胜质则史。文质彬彬,然后君子。"

子曰:"知之者不如好之者,好之者不如乐之者。"

子曰:"知者乐水,仁者乐山。知者动,仁者静。知者乐,仁者寿。"

---

① 佾(yì):古代乐舞的行列,每八人一行,为一佾。 ② 杇(wū):同"圬",涂墙的工具,俗名抹子。也指粉刷墙壁、涂抹。 ③ 箪(dān):盛饭的容器,多用竹制成。

《论语·述而》节选

子曰:"默而识之,学而不厌,诲人不倦,何有于我哉?"

子曰:"志于道,据于德,依于仁,游于艺。"

子曰:"三人行,必有我师焉。择其善者而从之,其不善者而改之。"子曰:"君子坦荡荡,小人长戚戚。"

《论语·泰伯》节选

曾子曰:"士不可以不弘毅,任重而道远。仁以为己任,不亦重乎? 死而后已,不亦远乎?"

子曰:"笃信好学,守死善道。危邦不入,乱邦不居。天下有道则见,无道则隐。邦有道,贫且贱焉,耻也;邦无道,富且贵焉,耻也。"

子曰:"不在其位,不谋其政。"

《论语·子罕》节选

子欲居九夷。或曰:"陋,如之何?"子曰:"君子居之,何陋之有?"

子在川上曰:"逝者如斯夫! 不舍昼夜。"

子曰:"后生可畏,焉知来者之不如今也? 四十、五十而无闻焉,斯亦不足畏也已。"

子曰:"三军可夺帅也,匹夫不可夺志也。"

子曰:"岁寒,然后知松柏之后凋也。"

子曰:"知者不惑,仁者不忧,勇者不惧。"

《论语·颜渊》节选

仲弓问仁。子曰:"出门如见大宾,使民如承大祭。己所不欲,勿施于人。在邦无怨,在家无怨。"仲弓曰:"雍虽不敏,请事斯语矣。"

子曰:"君子成人之美,不成人之恶。小人反是。"

《论语·子路》节选

子曰:"其身正,不令而行;其身不正,虽令不从。"

子夏为莒①父宰,问政。子曰:"无欲速,无见小利。欲速,则不达,见小利则大事不成。"

子曰:"君子和而不同,小人同而不和。"

---

① 莒(jǔ):周代诸侯国名,在今山东莒县一带。

《论语·卫灵公》节选

子贡问为仁。子曰:"工欲善其事,必先利其器。居是邦也,事其大夫之贤者,友其士之仁者。"

子曰:"人无远虑,必有近忧。"

子曰:"道不同,不相为谋。"

《论语·季氏》节选

孔子曰:"益者三友,损者三友。友直,友谅,友多闻,益矣。友便辟①,友善柔,友便佞②,损矣。"

孔子曰:"生而知之者,上也;学而知之者,次也;困而学之,又其次也;困而不学,民斯为下矣。"

创作背景

《论语》是中国儒家经典,成书于战国前期,是孔子弟子及其再传弟子记录孔子和弟子之间言论对话的语录体散文集。相传孔子有弟子三千,贤者七十二人,《论语》20篇是孔门弟子集体智慧的结晶,辞约义富,浅近易懂,用意深远,体现了孔子的教育思想。

诵读指导

《论语》既可独诵,又宜合诵。随时随地,信手拈来,适用性强,接受面广。段前多以"子曰"开头,引起下文,故诵读时,可以适当拉长"子"字的音节,"曰"可稍短促一些,"子曰"后要停顿,再按照文意进行诵读即可,要特别注意的是准确把握重音,才能抑扬顿挫地表达出文意。

第二课　楚辞·渔父

课文导读

千百年来,人们都会面临同一个选择题:成为屈原还是渔父?选择九死不悔的坚持,还是明哲保身的妥协?世人皆浊、众人皆醉,屈原的处境是"颜色憔悴,形容枯槁",但他坚持理想,绝不同流合污,"举世皆浊我独清,众人皆醉我独醒",这份刻进灵魂骨血的高贵,使他不惜以生命对抗世界,九死而不悔,他身上的理想光辉,虽与日月争光可也。

---

① 便辟(pián pì):谄媚奉承、玩弄手腕的人。　② 便佞(pián nìng):花言巧语、阿谀奉迎之人。

课 文

楚辞·渔父
［战国］屈原

屈原既放①，游于江潭，行吟泽畔，颜色憔悴，形容枯槁。渔父②见而问之曰："子非三闾③大夫与？何故至于斯？"

屈原曰："举世皆浊我独清，众人皆醉我独醒，是以见放。"

渔父曰："圣人不凝滞于物，而能与世推移。世人皆浊，何不淈④其泥而扬其波？众人皆醉，何不餔⑤其糟⑥而歠⑦其醨⑧？何故深思高举，自令放为？"

屈原曰："吾闻之，新沐者必弹冠⑨，新浴者必振衣，安能以身之察察，受物之汶汶⑩者乎？宁赴湘流，葬于江鱼之腹中。安能以皓皓之白，而蒙世俗之尘埃乎！"

渔父莞尔而笑，鼓枻⑪而去。乃歌曰：

"沧浪⑫之水清兮，

可以濯⑬吾缨⑭；

沧浪之水浊兮，

可以濯吾足。"

遂去，不复与言。

创作背景

屈原，名平，字原，战国时楚人，约生于公元前 340 年（楚宣王三十年），卒于公元前 278 年（楚顷襄王二十一年），是我国最早的伟大诗人。他是楚国高贵的宗族，担任过左徒和三闾大夫的官职。早年深受楚怀王信任，施行政治改革，对内对外均有政治建树，修明法度、选贤与能、联齐抗秦等局面都是在此期间形成。然而，因谗言诋毁，楚怀王疏远了屈原，到楚顷襄王时期，屈原惨遭放逐，悲愤交加的屈原走向了自沉汨罗江的不归路。《渔父》就是记载了诗人沉江前与渔父的对白。

---

① 放：流放。 ② 渔父(yú fǔ)：捕鱼的老人、渔翁。父：称呼从事某种行业的人。 ③ 三闾(lǘ)大夫：掌管楚国宗族屈、景、昭三姓事务的官。闾：户口编制单位。 ④ 淈(gǔ)：搅浑。 ⑤ 餔(bū)：吃。 ⑥ 糟(zāo)：造酒剩下的渣子、酒糟。 ⑦ 歠(chuò)：饮、喝。 ⑧ 醨(lí)：薄酒。 ⑨ 弹冠(tán guān)：拂去帽子上的灰尘。 ⑩ 汶汶(mén mén)：污浊的样子。 ⑪ 枻(yì)：船舷、船旁板。 ⑫ 沧浪(cāng làng)：水名，即汉水。 ⑬ 濯(zhuó)：洗涤。 ⑭ 缨(yīng)：系冠的带子。

诵读指导

本文诵读建议先疏通字词，通篇流畅地读2—3遍，而后结合屈原的生平经历，充分了解文意，假设回到当时的历史现场，亲眼见到颜色憔悴、形容枯槁的屈原在汨罗江畔与渔父的对话场景，在诵读中，反复读出他的坚持、他的信仰、他的力量，并与渔父的话语体系形成强烈的语感对比，方能达到优秀的诵读效果。

知识链接

屈原作品中最长、最具有代表性的一篇是《离骚》，篇中反复申述作者远大的政治理想，诉说在政治斗争中所受的迫害，批判黑暗现实的同时，描绘了理想中的境界，表达追求理想、毫不妥协的勇气。司马迁说："《离骚》者，犹离忧也。"王逸《楚辞章句》中有："离，别也；骚，愁也。"

离 骚
[战国] 屈原

帝高阳之苗裔兮，朕皇考曰伯庸。摄提贞于孟陬兮，惟庚寅吾以降。皇览揆余初度兮，肇锡余以嘉名：名余曰正则兮，字余曰灵均。

纷吾既有此内美兮，又重之以修能。扈江离与辟芷兮，纫秋兰以为佩。汨余若将不及兮，恐年岁之不吾与。朝搴阰之木兰兮，夕揽洲之宿莽。日月忽其不淹兮，春与秋其代序。惟草木之零落兮，恐美人之迟暮。不抚壮而弃秽兮，何不改乎此度？乘骐骥以驰骋兮，来吾道夫先路！

昔三后之纯粹兮，固众芳之所在。杂申椒与菌桂兮，岂惟纫夫蕙茝？彼尧舜之耿介兮，既遵道而得路。何桀纣之猖披兮，夫惟捷径以窘步！惟夫党人之偷乐兮，路幽昧以险隘。岂余身之惮殃兮，恐皇舆之败绩。忽奔走以先后兮，及前王之踵武。荃不查余之中情兮，反信谗而齌怒。余固知謇謇之为患兮，忍而不能舍也。指九天以为正兮，夫惟灵修之故也。曰黄昏以为期兮，羌中道而改路。初既与余成言兮，后悔遁而有他。余既不难夫离别兮，伤灵修之数化。

余既滋兰之九畹兮，又树蕙之百亩。畦留夷与揭车兮，杂杜衡与芳芷。冀枝叶之峻茂兮，愿俟时乎吾将刈。虽萎绝其亦何伤兮，哀众芳之芜秽。

众皆竞进以贪婪兮，凭不厌乎求索。羌内恕己以量人兮，各兴心而嫉妒。忽驰骛以追逐兮，非余心之所急。老冉冉其将至兮，恐修名之不立。朝饮木兰之坠露兮，夕餐秋菊之落英。苟余情其信姱以练要兮，长顑颔亦何伤。揽木根以结茝兮，贯薜荔之落蕊。矫菌桂以纫蕙兮，索胡绳之纚纚。謇吾法夫前修兮，非世俗之所服。虽不周于今之人兮，愿依彭咸之遗则。长太息以掩涕兮，哀民生之多艰。余虽好修姱以鞿羁兮，謇朝谇而夕替。既替余以蕙纕兮，又申之以揽茝。亦余心之所善兮，虽九死其犹未悔。怨灵修之浩荡兮，终不察夫民心。众女嫉余之蛾眉兮，谣诼谓余以善淫。固时俗之工巧兮，偭规矩而改错。背绳墨以追曲兮，竞周容以为度。忳郁邑余侘傺兮，吾独穷困乎此时也。宁溘死以流亡兮，余不忍为此态也。鸷鸟之不群兮，自前世而固然。何方圆之能周兮，夫孰异道而相安！屈心而抑志兮，忍尤而攘诟。伏清白以死直兮，固前圣之所厚。

悔相道之不察兮，延伫乎吾将反。回朕车以复路兮，及行迷之未远。步余马于兰皋兮，驰椒丘且焉止息。进不入以离尤兮，退将复修吾初服。制芰荷以为衣兮，集芙蓉以为裳。不吾知其亦已兮，苟余情其信芳。高余冠之岌岌兮，长余佩之陆离。芳与泽其杂糅兮，唯昭质其犹未亏。忽反顾以游目兮，将往观乎四荒。佩缤纷其繁饰兮，芳菲菲其弥章。民生各有所乐兮，余独好修以为常。虽体解吾犹未变兮，岂余心之可惩！

女嬃之婵媛兮，申申其詈予。曰："鲧婞直以亡身兮，终然殀乎羽之野。汝何博謇而好修兮，纷独有此姱节？薋菉葹以盈室兮，判独离而不服。众不可户说兮，孰云察余之中情？世并举而好朋兮，夫何茕独而不予听！"

依前圣以节中兮，喟凭心而历兹。济沅湘以南征兮，就重华而陈词。启《九辩》与《九歌》兮，夏康娱以自纵；不顾难以图后兮，五子用失乎家巷。羿淫游以佚畋兮，又好射夫封狐。固乱流其鲜终兮，浞又贪夫厥家。浇身被服强圉兮，纵欲而不忍；日康娱而自忘兮，厥首用夫颠陨。夏桀之常违兮，乃遂焉而逢殃。后辛之菹醢兮，殷宗用而不长。汤禹俨而祗敬兮，周论道而莫差。举贤而授能兮，循绳墨而不颇。皇天无私阿兮，览民德焉错辅。夫维圣哲以茂行兮，苟得用此下土。瞻前而顾后兮，相观民之计极。夫孰非义而可用兮，孰非善而可服？阽余身而危死兮，览余初其犹未悔。不量凿而正枘兮，固前修以菹醢。曾歔欷余郁邑兮，哀朕时之不当。揽茹蕙以掩涕兮，沾余襟之浪浪。

跪敷衽以陈辞兮，耿吾既得此中正。驷玉虬以椉鹥兮，溘埃风余上征。朝发轫于苍梧兮，夕余至乎县圃。欲少留此灵琐兮，日忽忽其将暮。吾令羲和弭节兮，望崦嵫而勿迫。路漫漫其修远兮，吾将上下而求索。饮余马于咸池兮，总余辔乎扶桑。折若木以拂日兮，聊逍遥以相羊。前望舒使先驱兮，后飞廉使奔属。鸾皇为余先戒兮，雷师告余以未具。吾令凤鸟飞腾兮，继之以日夜。飘风屯其相离兮，帅云霓而来御。纷总总其离合兮，斑陆离其上下。吾令帝阍开关兮，倚阊阖而望予。时暧暧其将罢兮，结幽兰而延伫。世溷浊而不分兮，好蔽美而嫉妒。

朝吾将济于白水兮，登阆风而緤马。忽反顾以流涕兮，哀高丘之无女。溘吾游此春宫兮，折琼枝以继佩。及荣华之未落兮，相下女之可诒。吾令丰隆椉云兮，求宓妃之所在。解佩纕以结言兮，吾令蹇修以为理。纷总总其离合兮，忽纬繣其难迁。夕归次于穷石兮，朝濯发乎洧盘。保厥美以骄傲兮，日康娱以淫游。虽信美而无礼兮，来违弃而改求。览相观于四极兮，周流乎天余乃下。望瑶台之偃蹇兮，见有娀之佚女。吾令鸩为媒兮，鸩告余以不好。雄鸠之鸣逝兮，余犹恶其佻巧。心犹豫而狐疑兮，欲自适而不可。凤皇既受诒兮，恐高辛之先我。欲远集而无所止兮，聊浮游以逍遥。及少康之未家兮，留有虞之二姚。理弱而媒拙兮，恐导言之不固。世溷浊而嫉贤兮，好蔽美而称恶。闺中既以邃远兮，哲王又不寤。怀朕情而不发兮，余焉能忍而与此终古！

索琼茅以筳篿兮，命灵氛为余占之。曰："两美其必合兮，孰信修而慕之？思九州之博大兮，岂惟是其有女？"曰："勉远逝而无狐疑兮，孰求美而释女？何所独无芳草兮，尔何怀乎故宇？"世幽昧以昡曜兮，孰云察余之善恶？民好恶其不同兮，惟此党人其独异。户服艾以盈要兮，谓幽兰其不可佩。览察草木其犹未得兮，岂珵美之能当？苏粪壤以充帏兮，谓申椒其不芳。

欲从灵氛之吉占兮，心犹豫而狐疑。巫咸将夕降兮，怀椒糈而要之。百神翳其备降兮，九疑缤其并迎。皇剡剡其扬灵兮，告余以吉故。曰："勉升降以上下兮，求矩矱之所同。汤禹严而求合兮，挚咎繇而能调。苟中情其好修兮，又何必用夫行媒。说操筑于傅岩兮，武丁用而不疑。吕望之鼓刀兮，遭周文而得举。宁戚之讴歌兮，齐桓闻以该辅。及年岁之未晏兮，时亦犹其未央。恐鹈鴂之先鸣兮，使夫百草为之不芳。"

何琼佩之偃蹇兮，众薆然而蔽之。惟此党人之不谅兮，恐嫉妒而折之。时缤纷其变易兮，又何可以淹留！兰芷变而不芳兮，荃蕙化而为茅。何昔日之芳草兮，今直为此萧艾也？岂其有他故兮，莫好修之害也。余以兰为可恃兮，羌无实而容长。委厥美以从俗兮，苟得列乎众芳。椒专佞以慢慆兮，樧又欲充夫佩帏。既干进而务入兮，又何芳之能祗？固时俗之流从兮，又孰能无变化？览椒兰其若兹兮，又况揭车与江离。惟兹佩之可贵兮，委厥美而历兹。芳菲菲而难亏兮，芬至今犹未沫。和调度以自娱兮，聊浮游而求女。及余饰之方壮兮，周流观乎上下。

灵氛既告余以吉占兮，历吉日乎吾将行。折琼枝以为羞兮，精琼爢以为粻。为余驾飞龙兮，杂瑶象以为车。何离心之可同兮，吾将远逝以自？。邅吾道夫昆仑兮，路修远以周流。扬云霓之晻蔼兮，鸣玉鸾之啾啾。朝发轫于天津兮，夕余至乎西极。凤皇翼其承旂兮，高翱翔之翼翼。忽吾行此流沙兮，遵赤水而容与。麾蛟龙使梁津兮，诏西皇使涉予。路修远以多艰兮，腾众车使径待。路不周以左转兮，指西海以为期。屯余车其千乘兮，齐玉轪而并驰。驾八龙之婉婉兮，载云旗之委蛇。抑志而弭节兮，神高驰之邈邈。奏《九歌》而舞《韶》兮，聊假日以媮乐。陟升皇之赫戏兮，忽临睨夫旧乡。仆夫悲余马怀兮，蜷局顾而不行。

乱曰：已矣哉！国无人莫我知兮，又何怀乎故都！既莫足与为美政兮，吾将从彭咸之所居。

第三课　陋室铭

课文导读

从古到今,房屋都始终以一种特殊的情结,萦绕在中国人的心灵世界。有人认为,有自己的房屋才是家;有人认为落叶要归根,人老了要回故乡的家;也有人认为要光宗耀祖,要在家乡修建大宅子。这一切都源自中国人对家园的执着与眷恋。房屋的灵魂是住在里面的人,"一屋不扫何以扫天下",是由小我到大我的升华;"斯是陋室,惟吾德馨",则是心灵皈依自然的神来之笔。

课　文

微课

陋室铭
[唐]刘禹锡

山不在高,有仙则名。水不在深,有龙则灵。斯是陋室,惟吾德馨。苔痕上阶绿,草色入帘青。谈笑有鸿儒①,往来无白丁②。可以调素琴,阅金经。无丝竹③之乱耳,无案牍④之劳形。南阳诸葛庐,西蜀子云亭。孔子云:何陋之有?

创作背景

刘禹锡(772—842年),字梦得,洛阳人,与白居易为诗友,并称"刘白"。有《刘梦得文集》四十卷。他的诗沉着稳练,风调自然,格律精切。刘禹锡写《陋室铭》是因被贬至安徽和州后,和州知县屡次刁难,三次找理由令他搬迁住所,住房一次比一次简陋,最后一处是仅仅能容下一床一桌的斗室,故愤而提笔写下本文。

诵读指导

陋室铭
[唐]刘禹锡

山/不在高,有仙/则名。水/不在深,有龙/则灵。

斯是/陋室,惟吾/德馨。苔痕/上/阶绿,草色/入/帘青。

① 鸿儒(hóng rú):大儒、学问渊博的人。　② 白丁:没有功名、没有官职或没有知识的平民。
③ 丝竹:泛指音乐。　④ 案牍(àn dú):公事文书。

─ │ │ │ ─ │ │ │ │ │ ─ │ │ ─ │
谈笑／有／鸿儒，往来／无／白丁。可以／调／素琴，阅／金经。

无／丝竹／之／乱耳，无／案牍／之／劳形。

─ │ │ │ ─ │ │ │ ─ │ │ ─ │
南阳／诸葛庐，西蜀／子云亭。孔子云：何陋／之有？

知识链接

竹枝词（其一）
[唐] 刘禹锡

杨柳青青江水平，闻郎江上唱歌声。
东边日出西边雨，道是无晴却有晴。

西塞山怀古
[唐] 刘禹锡

王濬楼船下益州，金陵王气黯然收。
千寻铁锁沉江底，一片降幡出石头。
人世几回伤往事，山形依旧枕寒流。
今逢四海为家日，故垒萧萧芦荻秋。

酬乐天扬州初逢席上见赠
[唐] 刘禹锡

巴山楚水凄凉地，二十三年弃置身。
怀旧空吟闻笛赋，到乡翻似烂柯人。
沉舟侧畔千帆过，病树前头万木春。
今日听君歌一曲，暂凭杯酒长精神。

第四课　岳阳楼记

课文导读

岳阳楼自古有"洞庭天下水，岳阳天下楼"之美誉，与湖北武汉黄鹤楼、江西南昌滕王阁并称为"江南三大名楼"。岳阳楼位于湖南省岳阳市洞庭湖边，始建于东汉建安二十年（215年），历代屡加重修，现存建筑沿袭清光绪六年（1880年）重建时的形制与格局。唐代因改巴陵为岳阳，故称之为岳阳楼，为历代文士登临赋咏之所。北宋滕子京受谪,任岳州知军州事,重修岳阳楼,邀好友范仲淹作《岳阳楼记》,使得岳阳楼著称于世,现为国家5A级旅游景区。

微课

📖 **课　　文**

岳阳楼记
〔宋〕范仲淹

　　庆历四年春,滕子京谪①守巴陵郡。越明年,政通人和,百废俱兴。乃重修岳阳楼,增其旧制,刻唐贤今人诗赋于其上。属②予作文以记之。

　　予观夫巴陵胜状,在洞庭一湖。衔远山,吞长江,浩浩汤汤③,横无际涯;朝晖夕阴,气象万千。此则岳阳楼之大观也,前人之述备矣。然则北通巫峡,南极潇湘,迁客骚人,多会于此,览物之情,得无异乎?

　　若夫淫雨霏霏,连月不开,阴风怒号,浊浪排空;日星隐曜,山岳潜形;商旅不行,樯倾楫摧;薄暮冥冥,虎啸猿啼。登斯楼也,则有去国怀乡,忧谗畏讥,满目萧然,感极而悲者矣。

　　至若春和景明,波澜不惊,上下天光,一碧万顷;沙鸥翔集,锦鳞游泳;岸芷汀④兰,郁郁青青。而或长烟一空,皓月千里,浮光跃金,静影沉璧,渔歌互答,此乐何极!登斯楼也,则有心旷神怡,宠辱偕⑤忘,把酒临风,其喜洋洋者矣。

　　嗟⑥夫!予尝求古仁人之心,或异二者之为。何哉?不以物喜,不以己悲,居庙堂之高则忧其民,处江湖之远则忧其君。是进亦忧,退亦忧。然则何时而乐耶?其必曰"先天下之忧而忧,后天下之乐而乐"欤⑦!噫!微斯人,吾谁与归!

　　时六年九月十五日。

📖 **创作背景**

　　范仲淹(989—1052年),字希文,吴县(今苏州市)人。宋代著名政治家,文章诗词皆有名篇传诵于世,有《范文正公集》。滕子京,又名滕宗谅,字子京,河南(今洛阳市)人,与范仲淹同年举进士。知庆州时被诬告,降官知岳州。篇中通过写景以抒情,又转而言志,匠心独具。最后提出"先天下之忧而忧,后天下之乐而乐"的可贵进步理想,体现作者崇高的思想境界和伟岸的人格。本文是范仲淹应滕子京之请而作,当时的范仲淹也是刚被贬出京,在此背景下的《岳阳楼记》是大有深意的。可贵的是,这篇文章是一

---

①谪(zhé):贬官降职。　②属:同"嘱"。　③汤(shāng):水势盛大貌。　④汀(tīng):水岸平处。
⑤偕:一作"皆"。　⑥嗟(jiē):表示感叹。　⑦欤(yú):语气词,表示感叹。

个刚刚经历了失败的人，写给另一个前不久经历过失败的人，然而，全篇没有一点唉声叹气、愤世嫉俗之意，反而呈现出无比坚定的信念和"古仁人"之境界，忧国忧民之情跃然纸上。朱熹将诸葛亮、杜甫、颜真卿、韩愈和范仲淹并称为"五君子"，是"光明正大、疏畅洞达、磊磊落落"的人。

诵读指导

本文是朗诵名篇，结构清晰，抑扬顿挫，历来为朗诵者们推崇。中央电视台曾经出品演唱版的《岳阳楼记》，非常有感染力，从文字到音乐的转变，成就了古诗文当代传播的独特魅力。朗诵此文，如能面对岳阳楼之图景，更有助于情感的抒发。

第一段适合用平实的语调，读出当时的写作缘由；第二段是写大场面，要突出气势，归并于情感；第三、四段是不同天气的描绘，一沉一扬，体现出阴雨天气与晴朗天气的不同韵致；第五、六段是情感升华部分，从平缓到扬起，感慨于"先天下之忧而忧，后天下之乐而乐"，进而回落至结束语。

知识链接

渔家傲

［宋］范仲淹

塞下秋来风景异，衡阳雁去无留意。四面边声连角起，千嶂里，长烟落日孤城闭。浊酒一杯家万里，燕然未勒归无计。羌管悠悠霜满地，人不寐，将军白发征夫泪！

苏幕遮

［宋］范仲淹

碧云天，黄叶地，秋色连波，波上寒烟翠。山映斜阳天接水，芳草无情，更在斜阳外。　黯乡魂，追旅思，夜夜除非、好梦留人睡。明月楼高休独倚，酒入愁肠，化作相思泪。

第五课　念奴娇·赤壁怀古

课文导读

苏轼的英雄梦，在词里流传了千百年。黄州的赤壁矶，也常常勾起读者的冲动，想跟着苏轼的脚步，想看看惊涛拍岸，看看千堆雪，然而，故事的真相并非词里写的那样。范成大和陆游都去了黄州，去了赤壁，替我们看到了那个很小的红色土山，现代地球测量工具告诉我们,那个淘尽千古风流人物的地方,最高处海拔也只有 74 米。中南民族大学的王兆鹏教授在《重返宋词现场》一书中,给了我们宏大的学术视野,满足了我们对真相的渴望。

［课　文］

微课

念奴娇·赤壁怀古
［宋］苏轼

　　大江东去,浪淘尽、千古风流人物。故垒西边,人道是,三国周郎赤壁。乱石穿空,惊涛拍岸,卷起千堆雪。江山如画,一时多少豪杰。

　　遥想公瑾当年,小乔初嫁了,雄姿英发。羽扇纶①巾,谈笑间,樯橹②灰飞烟灭。故国神游,多情应笑我,早生华发。人生如梦,一尊还酹③江月。

［创作背景］

　　苏轼(1037—1101 年),字子瞻,号东坡居士,眉山(今属四川)人。苏轼是继欧阳修之后的北宋文坛领袖,诗词文无不精工,词有《东坡乐府》。写《念奴娇·赤壁怀古》时的苏轼,并不是后人熟知的那个完美的苏轼,这时候的他,一支笔画过了整个世界,让我们毫不保留地相信了这些雄奇的盛景。真相面前,我们惊讶于词的虚构,惊讶于夸张,更惊讶于他为什么这样写。这份刻意的虚构,不管是地点、人物、事件,诸多的历史细节,全是虚构的,对不上号的,甚至百来个字中的大量重复,这真的是苏轼吗? 当然是,只不过,是一个并不太完美的苏轼。苏轼一生经历两次大起大落,几十年经历和摔打,才成就了他近乎完美的伟大心灵。黄州是苏轼第一次败走滑铁卢之地,"乌台诗案"让他变成一个受处分的、被看管起来的官员。他低调悲观、胆怯彷徨,像所有凡人一样,遭遇打击后充满痛苦与纠结,是沉沦还是救赎,他在艰难地做着人生的选择题,甚至做好了在黄州不悲不喜安度一生的准备,流放黄州第三年写的《定风波》正是救赎自己的超脱词。读苏轼词,是一个跟随他生命历程不断走向完美的过程,写本词时的他,一直处在极为矛盾和苦恼的交织中,没有一个稳定的常态,快乐和悲伤共存,在挣扎中逐渐清晰。

［诵读指导］

念奴娇·赤壁怀古
［宋］苏轼

｜—｜—｜　｜｜—　｜—／—／—｜

大江／东去,浪淘尽、千古／风流人物。

｜｜—｜　—｜｜　—／—／—｜

故垒西边,人道是,三国／周郎／赤壁。

---

　　① 纶(guān):纶巾是用青丝带做的头巾。　② 樯橹(qiáng lǔ):桅杆和划船工具。　③ 酹(lèi):以酒洒地,表示祭奠。

乱石穿空，惊涛拍岸，卷起/千堆雪。

江山如画，一时/多少豪杰。

遥想/公瑾当年，小乔/初嫁了，雄姿/英发。

羽扇纶巾，谈笑间，樯橹/灰飞烟灭。

故国神游，多情应笑我，早生/华发。

人生/如梦，一尊/还酹江月。

　　这是一首朗诵者们耳熟能详的作品，尤其适合男声独诵，抒情中包含对历史人生的追问与思索。诵读时注意情感起落，故事转换，既可读出娓娓道来的沧桑感，也可读出下阕历史长河中的壮阔与悲怆。

知识链接

水调歌头
[宋] 苏轼

丙辰中秋，欢饮达旦，大醉，作此篇，兼怀子由

明月几时有，把酒问青天。不知天上宫阙，今夕是何年。我欲乘风归去，又恐琼楼玉宇，高处不胜寒。起舞弄清影，何似在人间。　转朱阁，低绮户，照无眠。不应有恨，何事长向别时圆。人有悲欢离合，月有阴晴圆缺，此事古难全。但愿人长久，千里共婵娟。

水龙吟
[宋] 苏轼

次韵章质夫杨花词

似花还似非花，也无人惜从教坠。抛家傍路，思量却是，无情有思。萦损柔肠，困酣娇眼，欲开还闭。梦随风万里，寻郎去处，又还被莺呼起。　不恨此花飞尽，恨西园、落红难缀。晓来雨过，遗踪何在？一池萍碎。春色三分，二分尘土，一分流水。细看来，不是杨花，点点是、离人泪。

洞仙歌
[宋] 苏轼

余七岁时，见眉州老尼，姓朱，忘其名，年九十岁。自言尝随其师入蜀主孟昶宫中。一日，大热，蜀主与花蕊夫人夜起，纳凉摩诃池上，作一词。朱具能记之。今四

十年,朱已死久矣,人无知此词者,但记其首两句。暇日寻味,岂《洞仙歌令》乎?乃为足之云。

冰肌玉骨,自清凉无汗。水殿风来暗香满。绣帘开,一点明月窥人,人未寝,欹枕钗横鬓乱。 起来携素手,庭户无声,时见疏星渡河汉。试问夜如何,夜已三更,金波淡、玉绳低转。但屈指、西风几时来,又不道、流年暗中偷换。

卜算子
[宋] 苏轼

黄州定惠院寓居作

缺月挂疏桐,漏断人初静。唯见幽人独往来,缥缈孤鸿影。 惊起却回头,有恨无人省。拣尽寒枝不肯栖,寂寞沙洲冷。

临江仙
[宋] 苏轼

夜饮东坡醒复醉,归来仿佛三更。家童鼻息已雷鸣。敲门都不应,倚杖听江声。 长恨此身非我有,何时忘却营营。夜阑风静縠纹平。小舟从此逝,江海寄余生。

定风波
[宋] 苏轼

三月七日,沙湖道中遇雨。雨具先去,同行皆狼狈,余独不觉。已而遂晴,故作此。

莫听穿林打叶声,何妨吟啸且徐行。竹杖芒鞋轻胜马,谁怕,一蓑烟雨任平生。料峭春风吹酒醒,微冷,山头斜照却相迎。回首向来萧瑟处,归去,也无风雨也无晴。

第六课 永遇乐·京口北固亭怀古

课文导读

辛弃疾是英雄词人,杨慎在《词品》中云:"辛词当以'京口北固亭怀古'《永遇乐》为第一。"陈廷焯在《白雨斋词话》中云:"句句有金石声音,吾怖其神力。"本篇中"廉颇老矣,尚能饭否"乃英雄的肺腑之言,千古名句,感人至深。

微课

课文

永遇乐·京口北固亭怀古
[宋]辛弃疾

千古江山，英雄无觅孙仲谋处。舞榭歌台，风流总被雨打风吹去。斜阳草树，寻常巷陌①，人道寄奴②曾住。想当年，金戈铁马，气吞万里如虎。元嘉草草，封狼居胥，赢得仓皇北顾。四十三年，望中犹记，灯火扬州路。可堪回首，佛狸祠下，一片神鸦社鼓。凭谁问：廉颇老矣，尚能饭否？

创作背景

辛弃疾（1140—1207年），原字坦夫，后改字幼安，中年后，号稼轩居士，济南人。是宋代存词最多的词人，内容丰富，以抒发爱国情怀者最为突出，有英雄词人之美誉。词风激扬奋厉，慷慨沉雄，极大地拓展了词体艺术，刘克庄称其"横绝六合，扫空万古"。有《稼轩长短句》十二卷等。"苏辛"指苏轼与辛弃疾，是宋词史上的两座高峰。本篇作于辛弃疾知镇江府时，怀古叹今，感慨甚丰，风格苍凉，笔势雄劲，是他的得意之作。始建于东晋的北固亭，又名北固楼、北顾楼，在北固山上，北临长江，南宋时多次重修，辛词还有"何处望神州，满眼风光北固楼"之句。

诵读指导

永遇乐·京口北固亭怀古
[宋]辛弃疾

千古/江山，英雄/无觅孙仲谋处。

舞榭/歌台，风流总被雨打风吹去。

斜阳/草树，寻常/巷陌，人道/寄奴/曾住。

想当年，金戈/铁马，气吞/万里/如虎。

元嘉/草草，封狼/居胥，赢得/仓皇/北顾。

四十三年，望中/犹记，灯火/扬州路。

可堪回首，佛狸祠下，一片/神鸦社鼓。

凭谁问，廉颇/老矣，尚能/饭/否？

---

① 巷陌：街道。　② 寄奴：南朝宋武帝刘裕，小名寄奴。

知识链接

水龙吟·登建康赏心亭

[宋] 辛弃疾

楚天千里清秋,水随天去秋无际。遥岑远目,献愁供恨,玉簪螺髻。落日楼头,断鸿声里,江南游子。把吴钩看了,栏杆拍遍,无人会,登临意。 休说鲈鱼堪脍,尽西风,季鹰归未?求田问舍,怕应羞见,刘郎才气。可惜流年,忧愁风雨,树犹如此。倩何人,唤取红巾翠袖,揾英雄泪。

破阵子·为陈同甫赋壮词以寄之

[宋] 辛弃疾

醉里挑灯看剑,梦回吹角连营。八百里分麾下炙,五十弦翻塞外声,沙场秋点兵。 马作的卢飞快,弓如霹雳弦惊。了却君王天下事,赢得生前身后名。可怜白发生!

菩萨蛮·书江西造口壁

[宋] 辛弃疾

郁孤台下清江水,中间多少行人泪。西北望长安,可怜无数山。 青山遮不住,毕竟东流去。江晚正愁余,山深闻鹧鸪。

第七课 芙蕖

课文导读

荷花,因"出淤泥而不染,濯清涟而不妖"的品性,为历代文人所钟爱。荷花的名称还有莲花、芙蕖、菡萏、芙蓉等。李渔此文与其他写荷花的文章不同,从实用的角度,择芙蕖之名,以自然审美中的物我关系,表达出"四命之中,此命为最"的爱荷情结。

课 文

芙蕖①

[清] 李渔

微课

芙蕖与草本诸花,似觉稍异;然有根无树,一岁一生,其性同也。《谱》

---

① 芙蕖(fú qú):荷花的别名。

云："产于水者曰草芙蓉，产于陆者曰旱莲。"则谓非草本不得矣。予夏季倚此为命者，非故效颦①于茂叔②，而袭成说于前人也，以芙蕖之可人，其事不一而足，请备述之。

群葩③当令时，只在花开之数日，前此后此，皆属过而不问之秋矣。芙蕖则不然，自荷钱出水之日，便为点缀绿波。及其茎叶既生，则又日高日上，日上日妍，有风既作飘飖之态，无风亦呈袅娜之姿，是我于花之未开，先享无穷逸致矣。迨至菡萏④成花，娇姿欲滴，后先相继，自夏徂⑤秋，此则在花为分内之事，在人为应得之资者也。及花之既谢，亦可告无罪于主人矣，乃复蒂下生蓬，蓬中结实，亭亭独立，犹似未开之花，与翠叶并擎⑥，不至白露为霜，而能事不已。此皆言其可目者也。

可鼻，则有荷叶之清香，荷花之异馥，避暑而暑为之退，纳凉而凉逐之生。

至其可人之口者，则莲实与藕，皆并列盘餐，而互芬齿颊者也。

只有霜中败叶，零落难堪，似成弃物矣，乃摘而藏之，又备经年裹物之用。

是芙蕖者也，无一时一刻，不适耳目之观；无一物一丝，不备家常之用者也。有五谷之实，而不有其名；兼百花之长，而各去其短。种植之利，有大于此者乎？

予四命之中，此命为最。无如酷好一生，竟不得半亩方塘为安身立命之地。仅凿斗大一池，植数茎以塞责⑦，又时病其漏⑧，望天乞水以救之。殆所谓不善养生而草菅⑨其命者哉。

创作背景

作者李渔，是明末清初文学家。文章从可目、可鼻、可口、可用四个方面，写出芙蕖的"可爱"。芙蕖之用，既"适耳目之观"，又"备家常之用"。在明代中晚期，传统价值观念中"士农工商"的社会等级状况发生了重要转变，"亦儒亦商"成为江南商品经济发达地区的常态，出身于商人家庭的李渔，顺应时代潮流，移居杭州，开始了"卖赋以糊其口"的生涯。商人最大的特点就是注重实用，注重实利。商人的处事原则一定程度影响了李渔的创作思想，也就不难理解他为何会写"种植之利，有大于此者乎"的实用主义作品了。

---

① 效颦(xiào pín)：不善模仿而弄巧成拙。　② 茂叔：《爱莲说》作者、北宋哲学家周敦颐的字。
③ 葩(pā)：草木的花。　④ 菡萏(hàn dàn)：荷花的别名。　⑤ 徂(cú)往。　⑥ 擎(qíng)：举、向上托住。
⑦ 塞责(sè zé)：对应负的责任敷衍了事。　⑧ 病其漏：以水池向地下渗水为病。　⑨ 草菅(cǎo jiān)：草茅，比喻轻贱。

诵读指导

本文适合独诵。在充分理解文意的基础上,对比周敦颐的《爱莲说》,以轻柔的叙述语调、和缓的诵读节奏进行诵读。在读"可目""可鼻""可口""可用"四个重点部分时,要体现出区分度。

知识链接

在《芙蕖》一文中,李渔大胆抛弃周敦颐的成说,独抒新见,写出了他敢于和社会成见叫板的勇气,体现了在社会思想转变过程中的碰撞。本文可以对照周敦颐的《爱莲说》进行深度解读。

《爱莲说》

[宋]周敦颐

水陆草木之花,可爱者甚蕃。晋陶渊明独爱菊。自李唐来,世人甚爱牡丹。予独爱莲之出淤泥而不染,濯清涟而不妖,中通外直,不蔓不枝,香远益清,亭亭净植,可远观而不可亵玩焉。

予谓菊,花之隐逸者也;牡丹,花之富贵者也;莲,花之君子者也。噫!菊之爱,陶后鲜有闻。莲之爱,同予者何人?牡丹之爱,宜乎众矣!

第八课　示子侄

课文导读

中国人自古重视家训,对后代的教育起到了保证延续家族传承的重要意义。王夫之自承"六经责我开生面",对中国传统文化经典进行了详尽的研读、评注和创新阐发,建立了自己朴素的唯物主义哲学体系,被后人喻为"东方黑格尔"。他留下了"清风有意难留我,明月无心自照人"的风骨,他忠于故国,"头不顶清朝天,脚不踩清朝地",出门就着木屐雨伞,至死,他都没有遵清朝的法令剃发留辫。他的气节学养,他的勤勉创新,都与其严格的家教密不可分。这家教延绵多世,泽被后人,让王氏子孙受益至今。作为一位大思想家,王夫之对子侄的教育颇具匠心,留有十几封给子侄的书信。他要求后代"志在学先""学者以正志为本",四言韵文《示子侄》最能概括这一思想,被王氏后人视为"家训"。

示子侄

［清］王夫之

立志之始，在脱习气。习气薰人，不醪①而醉。其始无端，其终无谓。袖中挥拳，针尖竞利。

狂在须臾，九牛莫制。岂有丈夫，忍以身试！彼可怜悯，我实惭愧。前有千古，后有百世。

广延九州，旁及四裔。何所羁②络，何所拘执？焉有骐骥，随行逐队？无尽之财，岂吾之积。

目前之人，皆吾之治，特不屑耳，岂为吾累。潇洒安康，天君无系。亭亭鼎鼎，风光月霁。

以之读书，得古人意；以之立身，踞豪杰地；以之事亲，所养惟志；以之交友，所合惟义。

惟其超越，是以和易。光芒烛天，芳菲匝③地。深潭映碧，春山凝翠。寿考维祺，念之不昧。

——王夫之《姜斋文集补遗》卷一《尺牍十首·示子侄》

创作背景

王夫之(1619—1692年)，字而农，号姜斋，衡阳人。清兵南下，他在衡山举兵抵抗，战败，辗转各地，最后归衡阳之石船山，刻苦研究，潜心著书四十年，世称船山先生。他是明清之际重要的思想家和文学家，有《船山遗书》358卷。本篇开篇就阐发大本大源，点出教育的关键是立志与习惯养成，指出立志持身，方可读书。勉励子侄"脱习气"，去除流俗之习，养天地正气。成人需立志，立志之初需首先摆脱不良习气。成才需立大志，志存高远才能避免沾染不好的习气。只要养成良好的行为习惯，树立了高远的精神追求，便可以成为理想的人。船山先生要求子侄"为学"和"为人"一体化，这是其家风严训的精华所在。

诵读指导

王船山故里位于湖南省衡阳市衡阳县曲兰镇，名曰湘西草堂。衡阳县近年来致力于复兴船山文化，尤以400年诞辰活动最盛。衡阳县宣传部门根据《示子侄》文本特点，安排专人配上合适的韵律，新创了吟诵版本的《示子侄》，朗朗上口，便于记忆。本文诵

①醪(láo)：浊酒，汁渣混合的酒。　②羁(jī)：拴住、束缚。　③匝(zā)：周遍、满。

读,要体现青年精气神的勃发之态。船山先生的教育之语,寄托之意,娓娓道来,反复诵读,有助于理解文意,表情达意。

知识链接

　　王夫之的《摘茶词》真实反映了当时南岳普通茶农的辛酸。农民辛苦采摘的南岳云雾茶,多是供达官贵人们享用的珍品,自己依然处于水深火热中。好的茶叶全部出售了,茶农自己却只能"剩取筛馀几两尘",喝一点筛剩的茶末。文学反映生活,高于生活,带着历史的印记,岳茶文化以管中窥豹的方式,再现了王夫之当时几乎避无可避的匿居处境。

衡岳摘茶词十首

〔清〕王夫之

深山三月雪花飞,折笋禁桃乳雀饥。昨日刚传过谷雨,紫茸的的赛春肥。

湿云不起万峰连,云里闻他笑语喧。一似洞庭烟月夜,南湘北浦钓鱼船。

晴云不采意如何?带雨捎云摘倍多。一色石姜蕉笠子,不须绿箬衬青蓑。

一枪才展二旗斜,万簇绿沉间五花。莫道风尘飞不到,鞠尖队队满洲靴。

琼尖新炕凤毛毵,玉版兼蒸龙子胎。新化客迟六岗远,明朝相趁出城来。

小筑团瓢乞食频,邻僧劝典半畦春。偿他监寺帮官买,剩取筛馀几两尘。

丁字床平一足雄,踏云稳坐似凌空。商羊能舞晴天雨,底用劳劳百脚虫。

清梵木鱼渐放松,园园锯齿绿阴浓。揉香揿翠三更后,刚打乌啼半夜钟。

山下秧争韭叶长,山中茶赛马兰香。逐队上山收晚茗,奈何布谷为人忙。

沙弥新学唱皈依,板眼初清错字稀。贪听姨姨采茶曲,家鸡又逐野兔飞。

第三单元 入心

单元导读

　　入心,即是最为深层次的了解和懂得。对于"经典诵读"来说,我们不能够只是停留在入耳和入脑,而是需要在这样的过程中,让其能够入心。所谓"入心",即能够让"经典诵读"活动成为我们的一种习惯,能够将"经典"传递出来的现代价值化为我们的行动。这似乎才是最为高层次的要求。否则,任何所谓的"经典诵读"都不能够获得一种出神入化的效果,只会成为一种"看上去很美"的摆设。

　　本单元为"入心"篇,在诵读教学设计中,选取了《短歌行》《将进酒》《琵琶行》《朝中措》《念奴娇·过洞庭》《满江红》《沁园春·长沙》作为典型诵读指导学习篇目。《短歌行》中,曹操感叹"对酒当歌,人生几何",以沉稳顿挫的笔调抒写诗人求贤若渴的思想感情和统一天下的雄心壮志;《将进酒》全诗气势豪迈,感情奔放,语言流畅,具有很强的感染力,诗人李白豪饮高歌,借酒消愁,抒发了忧愤深广的人生感慨;《琵琶行》通过写琵琶女生活的不幸,结合诗人自己在宦途所受到的打击,唱出了"同是天涯沦落人,相逢何必曾相识"的心声;岳飞的《满江红》一词情调激昂,慷慨壮烈,显示出一种浩然正气和英雄气质,表现了作者报国立功的信心和乐观奋发的精神;《沁园春·长沙》一词中,"怅寥廓,问苍茫大地,谁主沉浮?"这一问道出了词人的雄心壮志,表现了他的博大胸怀。

第一课　短歌行

课文导读

　　著名学者易中天曾这样总结:曹操一生,政治上最得意的一笔是"挟天子以令诸侯",军事上最成功的一仗是官渡之战,后果最为严重的一次疏忽是放走刘备,失败得最惨的一次是在赤壁,最受肯定的是他的才略,最受指责的是他的人品,最有争议的是他的历史功过,最没有争议的是他的文学成就,他开启并繁荣了建安文学,给后人留下了宝贵的精神财富,史称"建安风骨"。曹操的这首《短歌行》是其诗歌中具有代表性的言志之作。全诗通过对时光易逝、贤才难得的再三咏叹,抒发了作者求贤若渴的感情,表现出统一天下的雄心壮志和自强不息的进取精神。

课文内容

短歌行（其一）
［魏］曹操

微课

对酒当歌①，人生几何②！譬如朝露，去日苦多③。慨当以慷④，忧思难忘。何以解忧？唯有杜康⑤。青青子衿，悠悠我心⑥。但为君故，沉吟⑦至今。呦呦⑧鹿鸣，食野之苹。我有嘉宾，鼓瑟吹笙。明明如月，何时可掇⑨？忧从中来，不可断绝。越陌度阡⑩，枉用相存⑪。契阔谈䜩⑫，心念旧恩。月明星稀，乌鹊南飞。绕树三匝⑬，何枝可依？山不厌高，海不厌深⑭。周公吐哺，天下归心⑮。

创作背景

关于这首诗的创作时间，学术界大致有五种说法。一是在苏轼《赤壁赋》中"横槊赋诗"言语的基础上，《三国演义》称曹操在赤壁大战前吟诵这首《对酒当歌》，时间定在建安十三年（208）末。二是求贤说，出自张可礼《三曹年谱》："抒发延揽人才之激切愿望，盖与《求贤令》作于同时。"时间在建安十五年（210）。三是宾主唱和说，此主张发自万绳楠，他认为此诗作于汉建安元年（196），曹操迁汉献帝于许都之际，曹操与手下心腹如荀彧等人的唱和之作。四是及时行乐说，但没有考证具体时间。此说出自沈德潜《古诗源》卷五："《短歌行》，言当及时为乐也。"五是王青的作于招待乌丸行单于普富卢的宴会上的说法，时间在建安二十一年（216）五月。所以这首诗的创作背景尚无定论。

---

①对酒当歌：面对着酒应当高歌。原用以感叹人生苦短，要及时有所作为。后亦指应当及时行乐。②几何：指岁月有多少。③去日苦多：已经逝去的日子已经太多，有慨叹人生短暂之意。苦：患。④慨当以慷：指宴会上的歌声激昂慷慨。当以：应当用。全句意思：应当用激昂慷慨的方式来唱歌。⑤杜康：相传是周代善酿酒的人，这里代指酒。⑥"青青"二句：出自《诗经·郑风·子衿》。原写姑娘思念情人，这里用来比喻渴望得到有才学的人。子：对对方的尊称。衿（jīn）：古式的衣领。子衿：是周代读书人的服装，这里指代有学识的人。悠悠：长久的样子，形容思虑连绵不断。⑦沉吟：原指小声叨念和思索，这里指对贤人的思念和倾慕。⑧"呦呦"四句：出自《诗经·小雅·鹿鸣》。呦（yōu）呦：鹿叫的声音。苹：艾蒿。鼓：弹。⑨掇（duō）：拾取、摘取。⑩越陌度阡：穿过纵横交错的小路。陌：东西向田间小路。阡：南北向的小路。⑪枉用相存：屈驾来访。枉：枉驾。用：以。存：问候、思念。⑫契阔谈䜩：契是投合，阔是疏远，这里是偏义复词，偏用"契"的意义。䜩（yàn）：通"宴"或"醼"，宴饮。曹操求贤若渴，希望贤才到来，彼此久别重逢谈心宴饮，争着诉说治国的道理。⑬三匝（zā）：三周。匝：周、圈。⑭海不厌深——本作"水不厌深"。这里是借用《管子·形解》中的话，原文是："海不辞水，故能成其大；山不辞土，故能成其高；明主不厌人，故能成其众；士不厌学，故能成其圣。"意思是表示希望尽可能多地接纳人才。⑮"周公"二句：引周公自比，说明求贤建业的心思。哺（bǔ）：口中咀嚼的食物。《史记》载周公自谓："一沐三握发，一饭三吐哺，起以待士，犹恐失天下之贤人。"

诵读指导

短歌行(其一)

〔魏〕曹操

对酒/当歌,人生/几何! ↑ 慢(慷慨激昂　气满声高)

譬如/朝露,去日/苦多。 ↓ 慢(沉郁悲壮　气沉声低)

慨当以慷,忧思/难忘。 ↓ 慢(凝重苍凉　气缓声沉)

何以/解忧,唯有/杜康。 ↓ 慢(苍劲悲凉　气沉声低)

青青/子衿,悠悠/我心。 ↓ 慢(惆怅轻柔　气徐声柔)

但为君故,沉吟/至今。 ↓ 慢(深沉悠长　气徐声柔)

呦呦/鹿鸣,食/野之苹。 → 慢(深情舒缓　气舒声平)

我有/嘉宾,鼓瑟/吹笙。 ↑ 快(轻快高昂　气满声高)

明明/如月,何时/可掇? ↑ 慢(深情激昂　气足声高)

忧/从中来,不可/断绝。 ↓ 慢(沉郁悠长　气缓声沉)

越陌/度阡,枉用/相存。 ↑ 快(轻快愉悦　气满声高)

契阔/谈䜩,心念/旧恩。 ↑ 快(轻快高亢　气满声高)

月明/星稀,乌鹊/南飞。 → 慢(惆怅舒缓　气舒声平)

绕树/三匝,何枝/可依? ↑ 快(急促高亢　气短声促)

山/不厌高,海/不厌深。 ↑ 慢(铿锵有力　气满声高)

周公/吐哺,天下/归心。 ↑ 慢(慷慨激昂　气满声高)

　　这首诗的前半部分"对酒当歌,人生几何……我有嘉宾,鼓瑟吹笙"的感情基调是沉郁苍凉的,朗诵时大多用降调;后半部分"明明如月,何时可掇……周公吐哺,天下归心",感情基调是慷慨激昂的,朗诵时大多数运用升调。

知识链接

　　曹操传世的《短歌行》包括两首:其一《对酒当歌》是咏怀,在对酒当歌的燕礼现场,就事兴感,即景抒情,心怀天下,思接千载,在沉郁悠长的忧思中,激荡着抗志任事的慷慨之气,抒发了为重建大汉王业而求贤若渴的情怀;其二《周西伯昌》是咏史,文笔质直,借礼赞周文王、齐桓公、晋文公坚守臣节、以大事小而造福天下的大德,申明自己只有殚精竭虑辅佐汉室之志,而绝无代汉自立之心。两诗珠联璧合,全面展现了曹操的人格、学养、抱负和理想,雄深雅健为其诗品。

《短歌行》其二
〔魏〕曹操

　　周西伯昌,怀此圣德。三分天下,而有其二。修奉贡献,臣节不隆。崇侯谗之,是以拘系。

　　后见赦原,赐之斧钺,得使征伐。为仲尼所称,达及德行,犹奉事殷,论叙其美。

　　齐桓之功,为霸之首。九合诸侯,一匡天下。一匡天下,不以兵车。正而不谲,其德传称。

　　孔子所叹,并称夷吾,民受其恩。赐与庙胙,命无下拜。小白不敢尔,天威在颜咫尺。

　　晋文亦霸,躬奉天王。受赐圭瓒,秬鬯彤弓,卢弓矢千,虎贲三百人。

　　威服诸侯,师之所尊。八方闻之,名亚齐桓。河阳之会,诈称周王,是其名纷葩。

　　公元207年,曹操北征乌桓胜利回来的路上经过碣石山时,登上当年秦皇汉武也曾登过的碣石,又值秋风萧瑟之际,他的心情像沧海一样久久难以平静,期盼着自己也能够像秦皇汉武一样建立万世瞩目的功绩,一时兴起,作诗《观沧海》,借着诗歌将自己宏伟的抱负和阔大的胸襟融入进去,借着大海那波澜壮阔的形象呈现出来,此诗豪情万丈,气吞山河,可堪曹操诗歌中的巅峰之作。

《步出夏门行·观沧海》
〔魏〕曹操

東临碣石,以观沧海。

水何澹澹,山岛竦峙。

树木丛生,百草丰茂。

秋风萧瑟,洪波涌起。

日月之行,若出其中;

星汉灿烂,若出其里。

幸甚至哉,歌以咏志。

当后人提起曹操诗歌的代表作,都会想到《短歌行》,尤其以"对酒当歌,人生几何"这两句引为全诗之翘楚,坦白地说,若以全诗之意境、恢弘、抒情、大气和造诣而言,此诗翘楚当之无愧,但是严谨地说,要论巅峰中之巅峰还是非《龟虽寿》莫属,因为它不仅仅是一首诗歌那么简单,它更重要的意义是诗歌先河的继往开来,因为有了《龟虽寿》那种诗歌绵长的意境,才奠定了曹操《短歌行》的问世,所以无论就重要性而言还是最为巅峰之作,都非《龟虽寿》莫属。当然,《观沧海》《龟虽寿》《短歌行》都是曹操的巅峰之作,这一点毋庸置疑。

《龟虽寿·神龟虽寿》

〔魏〕曹操

神龟虽寿,犹有竟时。

腾蛇乘雾,终为土灰。

老骥伏枥,志在千里。

烈士暮年,壮心不已。

盈缩之期,不但在天;

养怡之福,可得永年。

幸甚至哉,歌以咏志。

第二课　将进酒

课文导读

在中国古代文学史上,诗与酒好像天生就结缘,酒催诗生,诗随酒发,相伴而留香千古。唐代天才诗人李白就是好饮、善饮的典型,有杜甫作诗为证:"李白斗酒诗百篇,长安市上酒家眠。天子呼来不上船,自称臣是酒中仙。"李白说,朋友相聚要有美酒,"我醉君复乐,陶然共忘机";人生得意要多喝酒,"烹羊宰牛且为乐,会须一饮三百杯";人生短暂,愁多苦烦,更要有酒,"俱怀逸兴壮思飞,欲上青天览明月。"酒中有真意,酒中有人生,酒中有乾坤,无酒的日子少诗兴,谗酒的日子心茫然。所以,理解李白,就要读他的饮酒诗。他的《将进酒》就是咏酒抒情的佳作。

"将进酒",唐代以前乐府歌曲的题目,内容大多咏唱饮酒放歌之事。在这首诗里,李白"借题发挥"借酒浇愁,抒发自己的愤激之情。这首诗非常形象地表现了李白桀骜不驯的性格:一方面对自己充满自信,孤高自傲;另一方面在政治前途出现波折后,又流露出纵情享乐之情。全诗气势豪迈,感情奔放,语言流畅,具有很强的感染力。

通过诵读《将进酒》，认识李白淡泊富贵、蔑视权贵的积极思想，感受李白的自由精神和伟大人格，了解其怀才不遇的苦闷和豪放不羁的情怀，理解其貌似消极行乐实则渴望用世的复杂情感，树立符合时代潮流的人生观。

课文内容

微课

将进酒①
[唐] 李白

君不见黄河之水天上来②，奔流到海不复回。

君不见高堂③明镜悲白发，朝如青丝④暮成雪。

人生得意须尽欢，莫使金樽⑤空对月。

天生我材必有用，千金散尽还复来。

烹羊宰牛且为乐，会须⑥一饮三百杯。

岑夫子⑦，丹丘生⑧，将进酒，杯莫停。

与君⑨歌一曲，请君为我倾耳听⑩。

钟鼓馔玉⑪不足贵，但愿长醉不复⑫醒。

古来圣贤皆寂寞⑬，惟有饮者留其名。

陈王⑭昔时宴⑮平乐⑯，斗酒十千⑰恣欢谑⑱。

主人何为⑲言少钱，径须⑳沽㉑取对君酌。

五花马㉒，千金裘㉓，呼儿将㉔出换美酒，与尔㉕同销万古愁㉖。

创作背景

唐天宝初年，李白由道士吴筠推荐，由唐玄宗招进京，命李白为供奉翰林。不久，因权贵的谗毁，于天宝三载（744年），李白被排挤出京，唐玄宗赐金放还。此后，李白在江淮一带盘桓，思想极度烦闷，又重新踏上了云游祖国山河的漫漫旅途。李白作此诗时距

---

① 将(qiāng)进酒：汉乐府旧题，属鼓吹曲铙歌，内容多咏饮酒放歌之事。将：请。　② 君不见：乐府诗常用作提醒人语。天上来：黄河发源于青海，因那里地势极高，故称。　③ 高堂：房屋的正室厅堂，也指对父母的敬称。　④ 青丝：指黑色的头发。　⑤ 樽(zūn)：古代的一种酒器。　⑥ 会须：应当，应该。　⑦ 岑夫子：岑勋，南阳人，李白好友。　⑧ 丹丘生：元丹丘，当时隐士，李白好友。　⑨ 与君：给你们，为你们。君：指岑、元二人。　⑩ 倾耳听：一作"侧耳听"。　⑪ 钟鼓馔(zhuàn)玉：形容富贵豪华的生活。钟鼓：鸣钟击鼓作乐。馔玉：美好的饮食。馔：吃喝。玉：像玉一样美好。　⑫ 不复：一作"不用"，一作"不愿"。　⑬ 寂寞：这里是被世人冷落的意思。　⑭ 陈王：即曹植，因封于陈（今河南淮阳一带），死后谥"思"，世称陈王或陈思王。　⑮ 宴：举行宴会。　⑯ 平乐(lè)：观名，汉明帝所建，在洛阳西门外，为汉代富豪显贵的娱乐场所。　⑰ 斗酒十千：一斗酒价值十千钱，极言酒的名贵。　⑱ 恣欢谑(xuè)：尽情地娱乐欢饮。恣：放纵、无拘束。谑：玩笑。　⑲ 何为：为什么。　⑳ 径须：干脆、只管。须：应当。　㉑ 沽：这里指买。　㉒ 五花马：青白杂色的马。　㉓ 千金裘：珍贵的皮衣。　㉔ 将(jiāng)：拿。　㉕ 尔：你。　㉖ 销：同"消"。

其被唐玄宗"赐金放还"已有八年之久。这一时期，李白多次与友人岑勋应邀到嵩山另一好友元丹丘的颍阳山居做客，三人登高饮宴，借酒放歌。诗人在政治上被排挤，受打击，理想不能实现，常常借饮酒来发泄胸中的积郁。人生快事莫若置酒会友，作者又正值"抱用世之才而不遇合"之际，于是满腔不合时宜借酒兴诗情，以抒发满腔不平之气。

诵读指导

将进酒
［唐］李白

君不见//黄河之水//天上来，奔流/到海//不复回。

君不见//高堂/明镜/悲/白发，朝如/青丝//暮/成雪。

人生得意/须尽欢，莫使金樽/空对月。

天生我材/必有用///，千金/散尽/还/复来↗。

烹羊宰牛/且为乐↗，会须一饮/三百杯↗。

岑/夫子，丹/丘生，将/进酒，杯/莫停。

与君/歌一曲，请君为我/倾耳听。

钟鼓馔玉/不足贵，但愿/长醉/不/复醒。

古来圣贤/皆寂寞，惟有饮者/留其名。

陈王昔时/宴平乐，斗酒十千/恣欢谑。

主人/何为/言少钱，径须沽取/对君酌。

五花马，千金裘，呼儿将出/换/美酒，与尔//同销//万—古—愁—↗。

这首诗的感情脉络分为四个层次：

感伤之情："君不见"两句。（起兴）

欢乐之情："人生得意须尽欢——会须一饮三百杯"。（入题）

愤激之情："钟鼓馔玉不足贵——斗酒十千恣欢谑"。（举杯劝酒）

狂放之情："主人何为言少钱——与尔同销万古愁"。（劝酒辞）

全诗感情豪放，大起大落，诵读时应根据诗人感情的变化来选择不同的声调，注意诗中节奏的变化。可分层进行,依次是:起兴、入题、举杯劝酒、劝酒辞。

(起兴)诵读要领:

感情基调:气势磅礴,慷慨生悲;语速:时缓时急,跌宕起伏。

"君不见"是领出的词语,要做停顿,读的时候应从容、亲切些。"黄河之水天上来,奔流到海不复回"两句要读出黄河之水从天而降、一泻千里、惊心动魄的气势。两句都要重读,但在声音处理上又有变化,前句高昂,以显气势;后句低沉,暗含时光一去不复返的意思。"高堂明镜悲白发,朝如青丝暮成雪"两句写人生易老,要读出慷慨生悲的情感,声音沉而缓。重音应落在"悲"字和"朝""暮""青丝""雪"这两组相对的词语上。

(入题)诵读要领:

感情基调:自信狂欢;语速:快而有力。

"人生得意须尽欢,莫使金樽空对月"两句要读出及时行乐的洒脱劲。语速要快,重音落在"须尽欢"和"空对月"上,"空"字适当拖长。"天生我材必有用,千金散尽还复来"两句要读出自信感。重音落在后面,为避免单调,前句 4/3 节奏,后句采用 2/2/1/2 的节奏。"烹羊宰牛且为乐"一句宜重读,以突出"会须一饮三百杯"的豪气。重音落在"三百杯"上,"三"字适当拖长,读后可作稍长停顿。

(举杯劝酒)诵读要领:

感情基调:愤激不平;语速:急促而回环。

诗人此时酒已至酣,反客为主,一显主客关系融洽,二显李白的豪放与酒脱。"岑夫子,丹丘生,将进酒,杯莫停"四句采用呼告的形式,重音落在"将"字和"杯莫停"上,"杯莫停"一字一顿。"与君歌一曲,请君为我倾耳听"两句要读得亲切些。"钟鼓馔玉不足贵"要读出蔑视权贵的情感,重音落在后面。"但愿长醉不复醒"要读得酣畅淋漓,以示李白对现实的怨愤。"古来圣贤皆寂寞"用陈述语气,宜轻读。"惟有饮者留其名"要重读,以表现诗人的自信与豪放之态。"陈王昔时宴平乐,斗酒十千恣欢谑"平缓而略带感情色彩地读,重音落在"十千"和"恣欢谑"上。

(劝酒辞)诵读要领:

感情基调:狂放而愁;语速:急促而跌宕。

"主人何为言少钱"一句可轻读。"径须沽取对君酌,呼儿将出换美酒"可重读,充分体现李白的豪放酒脱之态。"与尔同销"可放慢节奏,两字一顿,"万古愁"三字用拖腔,一泄诗人满腔怨愁,将诗情推向高潮。所以须有强大的声势,才能显示诗人飘逸的风格。

知识链接

李白(701—762 年),字太白,号青莲居士,又号"谪仙人",唐代伟大的浪漫主义诗人,被后人誉为"诗仙"。李白不仅是"诗仙",也是"酒仙",无酒不成诗,有酒诗百篇。他对天发问,"天若不爱酒,酒星不在天";他对地豪言,"地若不爱酒,地应无酒泉";他对自己无愧,"且须饮美酒,乘月醉高台"。李白高呼行路难,"欲渡黄河冰塞川,将登太行雪满山",但有美酒就能"长风破浪会有时,直挂云帆济沧海"。李白自称"酒中仙",当时的人又称他为"酒圣""诗酒英豪",他一生写下许多咏酒诗篇,《月下独酌》和《金陵酒肆留别》是他咏酒抒情之佳作。

月下独酌

[唐]李白

花间一壶酒,独酌无相亲。
举杯邀明月,对影成三人。
月既不解饮,影徒随我身。
暂伴月将影,行乐须及春。
我歌月徘徊,我舞影零乱。
醒时同交欢,醉后各分散。
永结无情游,相期邈云汉。

金陵酒肆留别

[唐]李白

风吹柳花满店香,吴姬压酒唤客尝。
金陵子弟来相送,欲行不行各尽觞。
请君试问东流水,别意与之谁短长。

第三课　琵琶行

课文导读

《琵琶行》是唐代诗人白居易创作的一首长篇叙事诗。通过写琵琶女生活的不幸,结合诗人自己在宦途所受到的打击,唱出了"同是天涯沦落人,相逢何必曾相识"的心声,这一句也是本诗的诗眼。社会的动荡,世态的炎凉,对不幸者命运的同情,对自身失意的感慨,这些本来积蓄在心中的沉痛感受,都一起倾于诗中。它在艺术上运用了优美鲜明的、有音乐感的语言,用视觉的形象来表现听觉得来的感受;萧瑟秋风的自然景色和离情别绪,使作品更加感人。

《琵琶行》这首诗早在白居易在世时就已经风行全国,唐宣宗在吊唁白居易的诗中曾写道:"童子解吟怅恨曲,胡儿能唱琵琶曲。文章已满行人耳,一度思卿一怆然。"到了清代,学者张维平也盛赞此诗,他在诗中写道:"枫叶荻花何处寻,江州城外柳阴阴。开源伐取无人继,一曲琵琶唱到今。"这些都形象说明《琵琶行》这首诗流传之远、影响之大。

微课

课文内容

琵琶行

[唐] 白居易

元和十年，予左迁①九江郡司马。明年秋，送客湓浦口，闻舟中夜弹琵琶者，听其音，铮铮然有京都声②。问其人，本长安倡女③，尝学琵琶于穆、曹二善才④，年长色衰，委身为贾人⑤妇。遂命酒⑥，使快⑦弹数曲。曲罢悯然，自叙少小时欢乐事，今漂沦⑧憔悴，转徙于江湖间。予出官⑨二年，恬然⑩自安，感斯人言，是夕始觉有迁谪⑪意。因为长句⑫，歌⑬以赠之，凡六百一十六言⑭，命⑮曰《琵琶行》。

浔阳江⑯头夜送客，枫叶荻花秋瑟瑟⑰。主人⑱下马客在船，举酒欲饮无管弦。醉不成欢惨将别，别时茫茫江浸月。忽闻水上琵琶声，主人忘归客不发。寻声暗问弹者谁？琵琶声停欲语迟。移船相近邀相见，添酒回灯⑲重开宴。千呼万唤始出来，犹抱琵琶半遮面。

转轴拨弦三两声，未成曲调先有情。弦弦掩抑声声思⑳，似诉平生不得志。低眉信手续续弹㉑，说尽心中无限事。轻拢慢捻抹复挑㉒，初为霓裳后六幺㉓。大弦嘈嘈㉔如急雨，小弦切切㉕如私语。嘈嘈切切错杂弹，大珠小珠落玉盘。间关㉖莺语花底滑，幽咽泉流冰下难㉗。冰泉冷涩弦凝绝㉘，凝绝不通声暂歇。别有幽愁暗恨㉙生，此时无声胜有声。银瓶乍破水浆迸㉚，铁骑

---

①左迁：贬官、降职。与下文所言"迁谪"同义。古人尊右卑左，故称降职为左迁。 ②铮铮：形容金属、玉器等相击声。京都声：指唐代京城流行的乐曲声调。 ③倡女：歌女。倡：古时歌舞艺人。 ④善才：当时对琵琶师或曲师的通称，是"能手"的意思。 ⑤委身：以身相托，这里指嫁的意思。为：做。贾(gǔ)人：商人。 ⑥命酒：叫(手下人)摆酒。 ⑦快：畅快。 ⑧漂(piāo)沦：漂泊沦落。 ⑨出官：(京官)外调。 ⑩恬然：淡泊宁静的样子。 ⑪迁谪(zhé)：贬官降职或流放。 ⑫为(wéi)：创作。长句：指七言诗。 ⑬歌：作歌，动词。 ⑭凡：总共。言：字。 ⑮命：命名，题名。 ⑯浔阳江：据考证，为流经浔阳城中的湓水，即今江西省九江市中的龙开河(已被人工填埋)，经湓浦口注入长江。 ⑰荻(dí)花：多年生草本植物，生在水边，叶子长形，似芦苇，秋天开紫花。瑟瑟：形容枫树、芦荻被秋风吹动的声音。 ⑱主人：诗人自指。 ⑲回灯：重新拨亮灯光。一作"移灯"。 ⑳掩抑：掩蔽，遏抑。思：悲伤的情思。 ㉑信手：随手。续续弹：连续弹奏。 ㉒拢：左手手指按弦向里(琵琶的中部)推。捻(niǎn)：同"捻"，揉弦的动作。抹：顺手下拨的动作。挑：反手回拨的动作。 ㉓霓裳(cháng)：曲名，即《霓裳羽衣曲》,本为西域乐舞，唐开元年间西凉节度使杨敬述依曲创声后流入中原。六幺：大曲名，又叫《乐世》《绿腰》《录要》,为歌舞曲。 ㉔大弦：琵琶上最粗的弦。嘈嘈：声音沉重抑扬。 ㉕小弦：琵琶上最细的弦。切切：形容声音急细碎。 ㉖间关：象声词，这里形容"莺语"声(鸟鸣婉转)。 ㉗幽咽：遏塞不畅状。冰下难：泉流冰下阻塞难通，形容乐声由流畅变为冷涩。难：与"滑"相对，有涩之意。 ㉘凝绝：凝滞。 ㉙暗恨：内心的怨恨。 ㉚迸：溅射。

突出刀枪鸣。曲终收拨当心画①,四弦一声如裂帛②。东船西舫③悄无言,唯见江心秋月白。

沉吟放拨插弦中,整顿衣裳起敛容④。自言本是京城女,家在虾蟆陵⑤下住。十三学得琵琶成,名属教坊第一部⑥。曲罢曾教善才服,妆成每被秋娘⑦妒。五陵年少争缠头⑧,一曲红绡⑨不知数。钿头银篦击节⑩碎,血色罗裙翻酒污。今年欢笑复明年,秋月春风等闲⑪度。弟走从军阿姨死,暮去朝来颜色故⑫。门前冷落鞍马稀,老大嫁作商人妇。商人重利轻别离,前月浮梁⑬买茶去。去来⑭江口守空船,绕船月明江水寒。夜深忽梦少年事,梦啼妆泪红阑干⑮。

我闻琵琶已叹息,又闻此语重唧唧⑯。同是天涯沦落人,相逢何必曾相识!我从去年辞帝京,谪居卧病浔阳城。浔阳地僻无音乐,终岁⑰不闻丝竹声。住近湓江地低湿,黄芦苦竹绕宅生。其间旦暮⑱闻何物?杜鹃啼血猿哀鸣。春江花朝秋月夜,往往取酒还独倾。岂无山歌与村笛?呕哑嘲哳⑲难为听。今夜闻君琵琶语⑳,如听仙乐耳暂㉑明。莫辞更坐弹一曲,为君翻作琵琶行。感我此言良久立,却坐促弦㉒弦转急。凄凄不似向前声㉓,满座重闻皆掩泣㉔。座中泣下谁最多?江州司马青衫㉕湿。

创作背景

唐元和十年(815年)六月,唐朝藩镇势力派刺客在长安街头刺死了宰相武元衡,刺伤了御史中丞裴度,朝野大哗,藩镇势力又进一步提出罢免裴度,以安藩镇反叛之心。白居易上表主张严缉凶手,有"擅越职分"之嫌;而且,白居易平素多作讽喻诗,得罪了朝中权贵,于是被贬为江州司马。司马是刺史的助手,在中唐时期大多专门安置"犯罪"官

---

① 曲终:乐曲结束。当心画:用拨子在琵琶的中部划过四弦,是一曲结束时经常用到的右手手法。 ② 帛:古时对丝织品的总称。 ③ 船:一作"舟"。舫:船。 ④ 敛容:收敛(深思时悲愤深怨的)面部表情。 ⑤ 虾(há)蟆陵:在长安城东南,曲江附近,是当时有名的游乐地区。虾:通"蛤"。 ⑥ 教坊:唐代管理宫廷乐队的官署。第一部:如同说第一团、第一队。 ⑦ 秋娘:唐时歌舞伎常用的名字,泛指当时貌美艺高的歌伎。 ⑧ 五陵:在长安城外,指长陵、安陵、阳陵、茂陵、平陵五个汉代皇帝的陵墓,是当时富豪居住的地方。缠头:用锦帛之类的财物送给歌舞妓女,指古代赏给歌舞女子的财礼,唐代用帛,后代用其他财物。 ⑨ 红绡:一种生丝织物。绡:精细轻美的丝织品。 ⑩ 钿(diàn)头:两头装着花钿的发篦。银篦(bì):一说"云篦",用金翠珠宝装点的首饰。击节:打拍子,歌舞时打拍子原本用木制或竹制的板。 ⑪ 等闲:随随便便,不重视。 ⑫ 颜色故:容貌衰老。 ⑬ 浮梁:古县名,唐属饶州,在今江西省景德镇市,盛产茶叶。 ⑭ 去来:离别后。来:语气词。 ⑮ 梦啼妆泪:梦中啼哭,匀过脂粉的脸上带着泪痕,一作"啼妆泪落"。红阑干:泪水融和脂粉流淌满面的样子。 ⑯ 重:重新。唧唧:叹声。 ⑰ 终岁:整年。 ⑱ 旦暮:早晚。 ⑲ 呕哑:声词,形容单调的乐声。嘲(zhāo)哳(zhā):形容声音繁杂。 ⑳ 琵琶语:琵琶声,琵琶所弹奏的乐曲。 ㉑ 暂:突然,一下子。 ㉒ 却坐:退回到原处。促弦:把弦拧得更紧。 ㉓ 向前声:刚才奏过的单调。 ㉔ 掩泣:掩面哭泣。 ㉕ 青衫:唐朝八品、九品文官的服色。白居易当时的官阶是将侍郎,从九品,所以服青衫。

员,属于变相发配。这件事对白居易影响很大,是他思想变化的转折点,从此他早期的斗争锐气逐渐消磨,消极情绪日渐增多。元和十一年(816年)秋天,白居易被贬江州司马已两年,在浔阳江头送别客人,偶遇一位年少因艺技红极一时、年老被人抛弃的歌女,心情抑郁,结合自己路途遭遇,用歌行的体裁,创作出了这首著名的《琵琶行》。

朗诵指导

"元和十年"至"命曰《琵琶行》",诗的小序交代时间、地点、人物和故事,概述了琵琶女的悲凉身世,说明写作本诗动机,并为全诗定下了凄切的感情基调。朗诵时用陈述的语气就行,以读古文的方式,轻重音读准,吐字要清楚。

《琵琶行》全诗共分为四段,从"浔阳江头夜送客"到"犹抱琵琶半遮面"共十四句,为第一段,写琵琶女的出场。其中前六句交代了时间、地点、背景,后八句正面写琵琶女的出场:"忽闻水上琵琶声,主人忘归客不发。"这段琵琶女出场过程的描写历历动人,未见其人先闻其琵琶声,未闻其语先已微露其内心之隐痛,为后面的故事发展留下许多悬念。

"浔阳江头夜送客,枫叶荻花秋瑟瑟。主人下马客在船,举酒欲饮无管弦。"以叙事口气读这几句,没有悲凉的感觉,只有到"举酒欲饮"之后略停,"无管弦"三字要读出遗憾的语气。"醉不成欢惨将别,别时茫茫江浸月。"这两句承上面,读出一种失落感。"忽闻水上琵琶声,主人忘归客不发。"这里语气突转,略快,读出惊喜。"寻声暗问弹者谁,琵琶声停欲语迟。移船相近邀相见,添酒回灯重开宴。千呼万唤始出来,犹抱琵琶半遮面。""弹者谁"要读出疑问的语气,"欲语迟"则须语气凝重;"重开宴"一句有兴致重回的感觉,略有喜色;"千呼万唤"要强调,读出重音,语速慢;"半遮面",略轻、慢,有羞涩感。

第二部分从"转轴拨弦三两声"至"唯见江心秋月白"共二十四句,写琵琶女及其演奏的琵琶曲,具体而生动地揭示了琵琶女的内心世界。

"转轴拨弦三两声,未成曲调先有情。"这一句写校弦试音,"三两声"读得要有跳动感,接下来一句突出了一个"情"字,要读出感慨。"弦弦掩抑声声思,似诉平生不得志。低眉信手续续弹,说尽心中无限事。轻拢慢捻抹复挑,初为霓裳后六幺。""弦弦掩抑声声思"这六句,总写"初为霓裳后六幺"的弹奏过程,其中既用"低眉信手续续弹""轻拢慢捻抹复挑"描写弹奏的神态,更用"似诉平生不得志""说尽心中无限事"概括了琵琶女借乐曲抒发的思想情感。这几句是描述的语气,告诉人家当时的情形,语气长而平和。"大弦嘈嘈如急雨,小弦切切如私语。嘈嘈切切错杂弹,大珠小珠落玉盘。间关莺语花底滑,幽咽泉流冰下难。"前面两句用语气模仿动作产生的声音,但不可以失了诗本身的节奏,注意"裳"和"幺"的发音;"大弦"一句重而急,"小弦"一句轻而缓;接下来的两句轻重缓急错杂,"落玉盘"要轻脆,"花底滑"读得轻、高,"水下难"低缓;"幽咽"之声,悲抑哽塞,而这种声音又好像"泉流冰下",视觉形象的冷涩强化了听觉形象的冷涩。

由"冷涩"到"凝绝",是一个"声渐歇"的过程,诗人用"别有幽愁暗恨生,此时无声胜有声"的佳句描绘了余音袅袅、余意无穷的艺术境界,令人拍案叫绝。弹奏至此,满以为已经结束了。谁知那"幽愁暗恨"在"声渐歇"的过程中积聚了无穷的力量，无法压抑，终于如"银瓶乍破"，水浆奔进，如"铁骑突出"，刀枪轰鸣，把"凝绝"的暗流突然推向高潮。才到高潮，即收拨一画，戛然而止。一曲虽终，而回肠荡气、惊心动魄的音乐魅力，却并没有消失。诗人又用"东船西舫悄无言，唯见江心秋月白"的环境描写作侧面烘托，给读者留下了涵泳回味的广阔空间。因此，诵读"冰泉冷涩弦凝绝，凝绝不通声渐歇"时，要小声读，为高潮蓄势，给人水流艰难停顿的感觉。"别有幽愁暗恨生，此时无声胜有声。"要用叹息的语气，句后略长停顿。"银瓶乍破水浆进，铁骑突出刀枪鸣。曲终收拨当心画，四弦一声如裂帛。"这里突然加急，读得要猛烈，句尾语气急收。发力要突然，听的就是这几句。"东船西舫悄无言，唯见江心秋月白。"突然变缓，慢悠悠的语气送出这两句。

第三部分从"沉吟放拨插弦中"至"梦啼妆泪红阑干"，写琵琶女自述身世，由少女到商妇的经历，亦如琵琶声的激扬幽抑。正像在"邀相见"之后，省掉了请弹琵琶的细节一样；在曲终之后，也略去了关于身世的询问，而用两个描写肖像的句子向"自言"过渡："沉吟"的神态，显然与询问有关，这反映了她欲说还休的内心矛盾；"放拨""插弦中""整顿衣裳""起""敛容"等一系列动作和表情，则表现了她克服矛盾、一吐为快的心理活动。"自言"以下，用如怨如慕、如泣如诉的抒情笔调，为琵琶女的半生遭遇谱写了一曲扣人心弦的悲歌，与"说尽心中无限事"的乐曲互相补充，完成了女主人公的形象塑造。女主人公的形象塑造得异常生动真实，并具有高度的典型性。通过这个形象，深刻地揭示了封建社会中被侮辱、被损害的乐伎们、艺人们的悲惨命运。

这一长段，无大起伏，只须重整语气，越读越悲，最后一句，语带哽咽，"红阑干"一字一顿。

第四部分从"我闻琵琶已叹息"到最后的"江州司马青衫湿"，写诗人深沉的感慨，抒发与琵琶女的同病相怜之情。作者在被琵琶女的命运激起的情感波涛中袒露了自我形象。"我闻琵琶已叹息，又闻此语重唧唧。同是天涯沦落人，相逢何必曾相识！"前两句长叹，低些，后两句转高，感慨，语调激动。

"我从去年辞帝京，谪居卧病浔阳城"的那个"我"，是作者自己。当琵琶女第一次弹出哀怨的乐曲、表达心事的时候，就已经拨动了他的心弦，他发出了深长的叹息声。当琵琶女自诉身世，讲到"夜深忽梦少年事，梦啼妆泪红阑干"的时候，就更激起他的情感的共鸣："同是天涯沦落人，相逢何必曾相识。"同病相怜，同声相应，忍不住说出了自己的遭遇，琵琶女昔日在京城里"曲罢曾教善才伏，妆成每被秋娘妒"的情况和作者被贬以前的情况有某些相通之处；同样，他被贬以后的处境和琵琶女"老大嫁作商人妇"以后的处境也有某些类似之处，不然不会发出"同是天涯沦落人"的感慨。作者的诉说，反过来又拨动了琵琶女的心弦，当她又一次弹琵琶的时候，那声音就更加凄苦感人，因而反转来又激动了作者的感情，以致热泪直流，湿透青衫。

"我从去年辞帝京，谪居卧病浔阳城。浔阳地僻无音乐，终岁不闻丝竹声。住近湓江地低湿，黄芦苦竹绕宅生。"虽也是叙事，语气要比前面高些，作者此时已有激动的情绪。"其间旦暮闻何物？杜鹃啼血猿哀鸣。春江花朝秋月夜，往往取酒还独倾。岂无山歌与村笛，呕哑嘲哳难为听！"读出悲苦不如意的感觉，"呕哑"一句要读出难听的感觉。

“今夜闻君琵琶语，如听仙乐耳暂明。莫辞更坐弹一曲，为君翻作琵琶行。”突转兴奋，节奏转快。“感我此言良久立，却坐促弦弦转急。”“良久立”要低沉缓慢，后一句语气变紧挑高。“凄凄不似向前声，满座重闻皆掩泣。”转悲，哽咽“座中泣下谁最多？”“谁”语气加重上扬，有疑问语气。“江州司马青衫湿。”“司马”之后长停，但音断意不可断；后三字虽轻出，但一字一拖，语意相连。

知识链接

白居易（772—846年），字乐天，号香山居士，又号醉吟先生，祖籍太原，是唐代伟大的现实主义诗人，唐代三大诗人之一。白居易与元稹共同倡导新乐府运动，世称“元白”，与刘禹锡并称“刘白”。有“诗魔”和“诗王”之称。官至翰林学士、左赞善大夫。公元846年，白居易在洛阳逝世，葬于香山。他的代表作有《赋得古原草送别》《钱塘湖春行》《忆江南》等。其中白居易的长篇叙事诗《琵琶行》和《长恨歌》代表他艺术上的最高成就。《长恨歌》形象地叙述了唐玄宗与杨贵妃的爱情悲剧。诗人借历史人物和传说，创造了一个回旋婉转的动人故事，并通过塑造的艺术形象，再现了现实生活的真实，感染了千百年来的读者，诗的主题是“长恨”。该诗对后世诸多文学作品产生了深远的影响。

长恨歌
［唐］白居易

汉皇重色思倾国，御宇多年求不得。杨家有女初长成，养在深闺人未识。天生丽质难自弃，一朝选在君王侧。回眸一笑百媚生，六宫粉黛无颜色。春寒赐浴华清池，温泉水滑洗凝脂。侍儿扶起娇无力，始是新承恩泽时。云鬓花颜金步摇，芙蓉帐暖度春宵。春宵苦短日高起，从此君王不早朝。承欢侍宴无闲暇，春从春游夜专夜。后宫佳丽三千人，三千宠爱在一身。金屋妆成娇侍夜，玉楼宴罢醉和春。姊妹弟兄皆列土，可怜光彩生门户。遂令天下父母心，不重生男重生女。骊宫高处入青云，仙乐风飘处处闻。缓歌慢舞凝丝竹，尽日君王看不足。渔阳鼙鼓动地来，惊破霓裳羽衣曲。九重城阙烟尘生，千乘万骑西南行。翠华摇摇行复止，西出都门百余里。六军不发无奈何，宛转蛾眉马前死。花钿委地无人收，翠翘金雀玉搔头。君王掩面救不得，回看血泪相和流。黄埃散漫风萧索，云栈萦纡登剑阁。峨嵋山下少人行，旌旗无光日色薄。蜀江水碧蜀山青，圣主朝朝暮暮情。行宫见月伤心色，夜雨闻铃肠断声。天旋地转回龙驭，到此踌躇不能去。马嵬坡下泥土中，不见玉颜空死处。君臣相顾尽沾衣，东望都门信马归。归来池苑皆依旧，太液芙蓉未央柳。芙蓉如面柳如眉，对此如何不泪垂。春风桃李花开夜，秋雨梧桐叶落时。西宫南苑多秋草，落叶满阶红不扫。梨园弟子白发新，椒房阿监青娥老。夕殿萤飞思悄然，孤灯挑尽未成眠。迟迟钟鼓初长夜，耿耿星河欲曙天。鸳鸯瓦冷霜华重，翡翠衾寒谁与共。悠悠生死别经年，魂魄不曾来入梦。

临邛道士鸿都客，能以精诚致魂魄。为感君王辗转思，遂教方士殷勤觅。排空驭气奔如电，升天入地求之遍。上穷碧落下黄泉，两处茫茫皆不见。忽闻海上有仙山，山在虚无缥缈间。楼阁玲珑五云起，其中绰约多仙子。中有一人字太真，雪肤花貌参差是。金阙西厢叩玉扃，转教小玉报双成。闻道汉家天子使，九华帐里梦魂惊。揽衣推枕起徘徊，珠箔银屏迤逦开。云鬓半偏新睡觉，花冠不整下堂来。风吹仙袂飘飘举，犹似霓裳羽衣舞。玉容寂寞泪阑干，梨花一枝春带雨。含情凝睇谢君王，一别音容两渺茫。昭阳殿里恩爱绝，蓬莱宫中日月长。回头下望人寰处，不见长安见尘雾。惟将旧物表深情，钿合金钗寄将去。钗留一股合一扇，钗擘黄金合分钿。但令心似金钿坚，天上人间会相见。临别殷勤重寄词，词中有誓两心知。七月七日长生殿，夜半无人私语时。在天愿作比翼鸟，在地愿为连理枝。天长地久有时尽，此恨绵绵无绝期。

第四课　朝中措

课文导读

读欧阳修《朝中措》四十八个字，看起来很轻松、很快乐。这是一首送别朋友的小唱，送给谁呢？写这首词是在宋仁宗至和三年（1056年），50岁的欧阳修在汴京家中设酒，为即将奉命外放扬州的好朋友刘敞送行。文字间，真的只有李白那种"将进酒，杯莫停"的快意吗？是醉翁借酒抒情吗？两人先后都出守扬州，前任和后任间，还有什么样的故事呢？

课文

朝中措
［宋］欧阳修

平山阑槛①倚②晴空，山色有无中。手种堂前垂柳，别来几度春风。文章太守，挥毫万字，一饮千钟。行乐直须年少③，尊前看取衰翁。

创作背景

欧阳修（1007年—1072年），字永叔，号醉翁，晚年又号六一居士，吉州永丰（今江西

① 阑槛(lán jiàn)：门前栅栏、栏杆。　② 倚(yǐ)：靠着、靠。　③ 年少(shào)：年幼、幼小，与"老"相对，意为趁年轻。

60

永丰)人。欧阳修是北宋诗文革新的领袖，一代文宗，散文名列唐宋八大家，有《六一词》。欧阳修与刘敞政见相合，而且两人私交非常深厚。刘敞尽管比欧阳修小12岁，名气不如欧阳修，但也是著名的朝廷重臣，文章大儒，欧阳修很佩服刘敞的学问，尤其是地理知识、金石知识，在欧阳修看来，刘敞就是个无所不学且出口成章的年轻人，作为文坛盟主，欧阳修是带着非常欣赏的眼光与之交往的。

诵读指导

朝中措
[宋]欧阳修

平山／阑槛／倚晴空，山色／有无中。

手种／堂前／垂柳，别来／几度／春风。

文章／太守，挥毫／万字，一饮／千钟。

行乐／直须／年少，尊前／看取／衰翁。

本词从景色转换开始，写作地点肯定是京城，词中却转换到曾经在扬州任上修建的平山堂，平山堂是欧阳修的得意之作，他是这里的老太守，这是给即将去的新太守写的词。诵读情感的起点是舒缓的、优美的，几度春风，开始大发感慨，情绪激动起来，"万字""千钟"尽显激情，最后又回到当下，苍劲、苍老甚至有点苍凉。短短几十个字，起承转合，抑扬顿挫，需要诵读者反复酝酿，不断寻找词里的真实状态。

知识链接

诉衷情
[宋]欧阳修

清晨帘幕卷轻霜。呵手试梅妆。都缘自有离恨，故画作、远山长。　思往事，惜流芳。易成伤。拟歌先敛，欲笑还颦，最断人肠。

踏莎行
[宋]欧阳修

候馆梅残，溪桥柳细。草薰风暖摇征辔。离愁渐远渐无穷，迢迢不断如春水。寸寸柔肠，盈盈粉泪。楼高莫近危阑倚。平芜尽处是春山，行人更在春山外。

玉楼春
[宋]欧阳修

别后不知君远近。触目凄凉多少闷。渐行渐远渐无书，水阔鱼沉何处问。

夜深风竹敲秋韵。万叶千声皆是恨。故欹单枕梦中寻，梦又不成灯又烬。

浪淘沙
〔宋〕欧阳修

把酒祝东风。且共从容。垂杨紫陌洛城东。总是当时携手处，游遍芳丛。
聚散苦匆匆。此恨无穷。今年花胜去年红。可惜明年花更好，知与谁同。

青玉案
〔宋〕欧阳修

一年春事都来几。早过了、三之二。绿暗红嫣浑可事。绿杨庭院，暖风帘幕，有个人憔悴。　买花载酒长安市，又争似、家山见桃李。不枉东风吹客泪。相思难表，梦魂无据，惟有归来是。

第五课　念奴娇·过洞庭

课文导读

南宋大儒魏了翁和清代学者王闿运都高度赞扬过这首词。看起来写洞庭湖，实际上却达到了超越时空的精神高度。这首词飘逸至极、旷达至极、高洁至极。张孝祥对大自然的极力赞美，是自证清廉还是表达幻灭的内心悲观？这中间，都有心理原因，他悠然心境的背后，到底藏着什么？

课文

念奴娇·过洞庭
〔宋〕张孝祥

洞庭青草，近中秋，更无一点风色①。玉鉴琼田三万顷，著我扁舟一叶。素月分辉，明河共影，表里②俱澄澈。悠然心会，妙处难与君说。

应念岭海经年③，孤光自照，肝肺皆冰雪。短发萧骚④襟袖冷，稳泛沧浪空阔。尽吸西江，细斟北斗，万象⑤为宾客。扣舷独笑，不知今夕何夕。

---

① 风色：即指风。　② 表里：内外，此处指的是水天上下。　③ 经年：经过一年。　④ 萧骚：稀疏的样子。　⑤ 万象：天地万物。

创作背景

　　张孝祥(1132—1169年),字安国,号于湖居士。历阳(今安徽和县)人。善诗文,工词。他的这首词,写在人生经历过大起大落的刻骨铭心之后,依然自信无愧,表里澄澈。来洞庭湖之前,他因遭秦桧忌恨及其余党排挤,出京外任桂林兼广南西路经略安抚使,又因谏官弹劾被撤职,被迫回乡而经过洞庭湖。途经此地,在月色星空下泛舟,永恒的星月总能给迷茫的人带来心灵的敬畏和安抚。八百里洞庭月光渐满,"悠然心会"是张孝祥瞬间被星空击中内心的震撼,这种佳趣,不可言传,此时、此地、此景、此身,缺一不可、独一无二。

诵读指导

念奴娇·过洞庭
〔宋〕张孝祥

洞庭青草,近中秋,更无一点风色。

玉鉴琼田三万顷,著我扁舟一叶。

素月分辉,明河共影,表里俱澄澈。

悠然心会,妙处难与君说。

应念岭海经年,孤光自照,肝肺皆冰雪。

短发萧骚襟袖冷,稳泛沧浪空阔。

尽吸西江,细斟北斗,万象为宾客。

扣舷独笑,不知今夕何夕。

　　诵读,要慷慨激昂容易,沉郁顿挫却难,这是宋词中最优秀的士大夫节操颂之一,这类清空世界的词,要读进心灵深处,就要先领会作者在金沙堆上遇上美丽夜色那种触电般的情绪,从景到人,依着舒缓而逐渐走高的路子,先读出诱人的画面感,再走向"妙处难与君说"的神秘感慨。下阕的情绪与上阕不同,展现的是肝胆如冰雪、心胸无挂碍的精神境界,从欣喜到沉郁。当然,在张孝祥身上还有个健康的谜团,盛年提前退休,病死家中,这些健康状况也是决定一个人心态的重要因素,各种复杂的情绪,却神奇地造出了这样清气四溢的词,真是会让人忘记"今夕何夕"了。

知识链接

六州歌头

[宋]张孝祥

　　长淮望断，关塞莽然平。征尘暗，霜风劲，悄边声。黯销凝。追想当年事，殆天数，非人力；洙泗上，弦歌地，亦膻腥。隔水毡乡，落日牛羊下，区脱纵横。看名王宵猎，骑火一川明。笳鼓悲鸣。遣人惊。

　　念腰间箭，匣中剑，空埃蠹，竟何成。时易失，心徒壮，岁将零。渺神京。干羽方怀远，静烽燧，且休兵。冠盖使，纷驰骛，若为情。闻道中原遗老，常南望、羽葆霓旌。使行人到此，忠愤气填膺。有泪如倾。

第六课　满江红·写怀

课文导读

　　《满江红·写怀》，是宋代抗金将领岳飞的词作。此词上篇抒写作者对中原沦陷的悲愤，对前功尽弃的痛惜，表达自己继续努力争取壮年立功的心愿；下篇抒写作者对民族敌人的深仇大恨，对祖国统一的殷切愿望，对国家朝廷的赤胆忠心。全词情调激昂，慷慨壮烈，显示出一种浩然正气和英雄气质，表现了作者报国立功的信心和乐观奋发的精神。

课文内容

满江红·写怀

[宋]岳飞

　　怒发冲冠①，凭阑②处，潇潇③雨歇。抬望眼，仰天长啸④，壮怀激烈。三十功名尘与土⑤，八千里路云和月⑥。莫等闲⑦，白了少年头，空悲切！

---

　　①怒发(fà)冲冠：气得头发竖起，以至于将帽子顶起。形容愤怒至极，冠是指帽子而不是头发竖起。　②凭阑：身倚栏杆。阑，同"栏"。　③潇潇：形容雨势急骤。　④长啸：感情激动时撮口发出清而长的声音，为古人的一种抒情举动。　⑤三十功名尘与土：年已三十，建立了一些功名，不过微不足道。　⑥八千里路云和月：形容南征北战、路途遥远、披星戴月。　⑦等闲：轻易、随便。

靖康耻①,犹未雪。臣子恨,何时灭! 驾长车,踏破贺兰山②缺! 壮志饥餐胡虏③肉,笑谈渴饮匈奴血。待从头,收拾旧山河,朝天阙④!

📖 创作背景

岳飞,南宋时期抗金名将、军事家、战略家、民族英雄、书法家、诗人,位列南宋"中兴四将"之首。他于北宋末年投军,从 1128 年遇宗泽起到 1141 年止的十余年间,率领岳家军同金军进行了大小数百次战斗,所向披靡,"位至将相"。

1140 年,完颜兀术毁盟攻宋,岳飞挥师北伐,先后收复郑州、洛阳等地,又于郾城、颍昌大败金军,进军朱仙镇。

宋高宗、秦桧却一意求和,以十二道"金字牌"下令退兵,岳飞在孤立无援之下被迫班师,在宋金议和过程中,岳飞遭受秦桧、张俊等人的诬陷,被捕入狱。《满江红》创作的具体时间应该是在岳飞入狱前不久。

📖 朗诵指导

满江红·写怀
[宋]岳飞

怒—发—冲—冠,凭—栏—处,潇潇/雨歇。

抬/望眼,仰天/长啸,壮—怀—激—烈。

三十功名尘与土,八千里路云和月。

莫—等—闲,白了少年头,空—悲—切!

靖康—耻,犹未/雪。臣子/恨,何时/灭?

驾/长车,踏破贺兰山缺!

壮志/饥餐/胡虏/肉,笑谈/渴饮/匈奴血。

待—从头,收拾旧山河,朝—天—阙!

词以愤怒填膺的肖像描写起笔,开篇奇突。表明这是不共戴天的深仇大恨,朗诵时情绪应是激昂的。"凭阑处,潇潇雨歇"指将军凭栏盛怒之时,骤雨乍停,风和烟尽,天光

① 靖康耻:宋钦宗靖康二年(1127 年),金兵攻陷汴京,虏走徽、钦二帝。靖康:宋钦宗赵桓的年号。　② 贺兰山:贺兰山脉位于宁夏回族自治区与内蒙古自治区交界处。　③ 胡虏(lǔ):对女真贵族入侵者的蔑称。　④ 朝天阙:朝见皇帝。天阙:本指宫殿前的楼观,此指皇帝生活的地方。

景明,眼前一片澄净,此般景色不再助怒,却助郁勃之怀,故此时的感情应由盛怒转为略带忧郁。

"抬望眼,仰天长啸,壮怀激烈"指感慨激愤,情绪已升温至高潮。

"三十功名尘与土,八千里路云和月"中"三十""八千"两句,反思以往,包罗时空,既反映转战之艰苦,又谦称建树之微薄,识度超迈,下语精妙。

"莫等"期许未来,情怀急切,激越中微含悲凉。

下篇抒写了作者重整山河的决心和报效君王的耿耿忠心。

下篇开头四个短句,三字一顿,一锤一声,裂石崩云,这种以天下为己任的崇高胸怀,令人扼腕。

"驾长车"一句豪气直冲云霄。在那山河破碎、士气低沉的时代,将是一种惊天地、泣鬼神的激励力量。

"饥餐""渴饮"虽夸张,却表现了诗人足以震慑敌人的英雄主义气概。

最后两句语调陡转平和,表达了作者报效朝廷的一片赤诚之心,肝胆沥沥,感人至深。全词如江河直泻,曲折回荡,激发处铿然作金石声。

知识链接

满江红,词牌名,又名"上江虹""满江红慢""念良游""烟波玉""伤春曲""怅怅词"。以柳永《满江红·暮雨初收》为正体。另有双调九十三字,前段八句五仄韵,后段十句六仄韵;双调九十三字,前段八句四平韵,后段十句五平韵等变体。代表作品除了岳飞的《满江红·写怀》,比较出名的还有秋瑾《满江红·小住京华》、毛泽东《满江红·和郭沫若同志》等。

满江红·暮雨初收
[宋]柳永

暮雨初收,长川静,征帆夜落。临岛屿,蓼烟疏淡,苇风萧索。几许渔人飞短艇,尽载灯火归村落。遣行客、当此念回程,伤漂泊。

桐江好,烟漠漠。波似染,山如削。绕严陵滩畔,鹭飞鱼跃。游宦区区成底事,平生况有云泉约。归去来,一曲仲宣吟,从军乐。

满江红·小住京华
秋瑾

小住京华,早又是,中秋佳节。为篱下,黄花开遍,秋容如拭。四面歌残终破楚,八年风味徒思浙。苦将侬,强派作蛾眉,殊未屑!

身不得,男儿列。心却比,男儿烈!算平生肝胆,因人常热。俗子胸襟谁识我?英雄末路当磨折。莽红尘,何处觅知音?青衫湿!

满江红·和郭沫若同志

毛泽东

小小寰球,有几个苍蝇碰壁。嗡嗡叫,几声凄厉,几声抽泣。蚂蚁缘槐夸大国,蚍蜉撼树谈何易。正西风落叶下长安,飞鸣镝。

多少事,从来急;天地转,光阴迫。一万年太久,只争朝夕。四海翻腾云水怒,五洲震荡风雷激。要扫除一切害人虫,全无敌。

第七课　沁园春·长沙

课文导读

在中国的诗史上,第一个大量描绘自然美,并把对自然美的描绘和对国家和人民的命运的关切结合起来的诗人是屈原。这是中国古典诗歌的一个优良传统。毛泽东的诗词继承了这个优良传统。他善于把自然美与社会美融为一体,通过栩栩如生、呼之欲出的自然美的艺术形象,表现出社会美的内容。《沁园春·长沙》通过对长沙秋景的描绘和对青年时代革命斗争生活的回忆,提出了"谁主沉浮"的问题,表现了毛泽东同志及其战友对国家命运、革命前途的关切和激流勇进的革命斗争精神,体现了二十世纪二三十年代中国青年以天下为己任,肩负起国家兴亡、改变民族命运的壮志豪情。朗诵时要准确地把握住作品的主旨内容,传达其思想内涵和感情倾向,读得声韵饱满、大气磅礴、昂扬豪迈。

课　文

沁园春①·长沙
毛泽东

独立寒秋②,湘江③北去,橘子洲④头。

---

①　沁园春:词牌名,"沁园"为东汉明帝给女儿沁水公主修建的皇家园林,据《后汉书·窦宪传》记载,沁水公主的舅舅窦宪倚仗其妹贵为皇后之势,竟强夺公主园林,后人感叹其事,多在诗中咏之,渐成"沁园春"这一词牌。　②　寒秋:深秋,晚秋。秋深已有寒意,所以说是寒秋。　③　湘(xiāng)江:一名湘水,湖南省最大的河流,源出广西壮族自治区灵川县南的海洋山,长844公里,向东北流贯湖南省东部,经过长沙,北入洞庭湖。所以说是湘江北去。　④　橘子洲:地名,又名水陆洲,长沙城西湘江中一个狭长小岛,西面靠近岳麓山。南北长约5.5公里,东西最宽处约0.5公里。毛泽东七律《答友人》中所谓长岛,指此。自唐代以来,此地就是游览胜地。

看万山①红遍,层林尽染②;漫江③碧透,百舸④争流⑤。

鹰击长空,鱼翔浅底⑥,万类霜天竞自由⑦。

怅寥廓⑧,问苍茫⑨大地,谁主⑩沉浮⑪?

携来⑫百侣⑬曾游。忆往昔峥嵘岁月稠⑭。

恰⑮同学少年,风华正茂⑯,书生意气⑰,挥斥方遒⑱。

指点江山,激扬文字⑲,粪土当年万户侯⑳。

曾记否,到中流㉑击水㉒,浪遏㉓飞舟㉔!

创作背景

《沁园春·长沙》是毛泽东于1925年晚秋,32岁时,离开故乡韶山,去广州主持农民运动讲习所的途中,途经长沙,重游橘子洲,感慨万千。作者面对湘江上美丽动人的自然秋景,联想起当时的革命形势,写下了这首词。

诵读指导

沁园春·长沙
毛泽东

独立/寒秋,湘江/北去,橘子洲/头。

看——万山/红遍,层林/尽染↓;漫江/碧透,百舸/争流↑。

鹰击/长空,鱼翔/浅底,万类/霜天/竞/自由。

怅/寥廓,问/苍茫/大地↑,谁/主沉浮?

---

① 万山:指湘江西岸岳麓山和附近许多山峰。　② 层林尽染:山上一层层的树林经霜打变红,像染过一样。尽染:此处化用王实甫《西厢记》中"晓来谁染霜林醉"句意。　③ 漫江:满江。漫:满、遍。　④ 舸(gě):大船。这里泛指船只。　⑤ 争流:争着行驶。　⑥ 鹰击长空,鱼翔浅底:鹰在广阔的天空里飞,鱼在清澈的水里游。击:搏击。这里形容飞得矫健有力。翔:本指鸟盘旋飞翔,这里形容鱼游得轻快自由。　⑦ 万类霜天竞自由:万物都在秋光中竞相自由地生活。万类:指一切生物。霜天:指秋天,即上文"寒秋"。　⑧ 怅寥廓(chàng liáo kuò):面对广阔的宇宙惆怅感慨。怅:原意是失意,这里用来表达由深思而引发激昂慷慨的心绪。寥廓(liáo kuò):广远空阔,这里用来描写宇宙之大。　⑨ 苍茫:旷远迷茫。　⑩ 主:主宰。　⑪ 沉浮:同"升沉"(上升和没落)意思相近,比喻事物盛衰、消长,这里指兴衰。　⑫ 携来:挽、牵。来:语气词,无实义。　⑬ 百侣:很多的伴侣。侣:这里指同学(也指战友)。　⑭ 峥嵘岁月稠:不平常的日子是很多的。峥嵘:本指山的高峻,此处意谓不平凡、不寻常。稠:多。　⑮ 恰:适逢,正赶上。　⑯ 风华正茂:风采才华正盛。风华:风采、才华。茂:丰满茂盛。　⑰ 书生:读书人,这里指青年学生。意气:意态气概。　⑱ 挥斥方遒(qiú):热情奔放,劲头正足。挥斥:奔放。方:正。遒:强劲有力。　⑲ 指点江山,激扬文字:评论国家大事,用文字来抨击丑恶的现象,赞扬美好的事物。写出激浊扬清的文章。指点:评论。江山:指国家。　⑳ 粪土当年万户侯:把当时的军阀官僚看得同粪土一样。粪土:作动词用,视如粪土。万户侯:汉代设置的最高一级侯爵,食邑万户,享有万户农民的赋税。此借指大军阀,大官僚。　㉑ 中流:江心水深流急的地方。　㉒ 击水:这里指游泳。　㉓ 遏(è):阻止。　㉔ 飞舟:行驶极快的船。

携来/百侣/曾游,忆/往昔/峥嵘/岁月/稠。

恰——同学少年/,风华/正茂;书生/意气,挥斥/方遒。

指点/江山,激扬/文字,粪土/当年万户侯。

曾/记否,到/中流/击水↑,浪/遏——飞——舟。

朗诵这首词,最重要的是把握它的感情基调,即主导贯穿全篇的感情色彩及其强度。《沁园春·长沙》整首词景物形象生动,情感热烈奔放,词风遒劲有力,充满豪气。朗诵中要自始至终把握住刚劲豪放这个总的基调,再通过揣摩语音语调的高低、停连、快慢、轻重,以恰当的声音形式表现出作品的情感。但也不能从头到尾一个调子,还要有变化,要服从于总的基调,努力表达出毛主席在此首词中蕴藏着的革命家的豪气。

这首词分上下两阕。上阕着重写景,"独立寒秋,湘江北去,橘子洲头",开篇三句朗诵时语调应庄重平稳,树立起毛主席卓然而立的高大形象,应慢读,其中,"北"字要重读,"橘子洲头"要稍稍拉长。

"看万山红遍,层林尽染;漫江碧透,百舸争流。鹰击长空,鱼翔浅底,万类霜天竞自由。"这一层用不快不慢的语速读,其中,"看"字为领起字,要读得稍长,以显示其总领关系。"万山红遍,层林尽染",语速稍慢,语调舒缓,"万"字起一个强调的作用,所以要重读,"遍"字要上扬、拖长,"层林尽染"的语调稍微降一下,"染"字也要拉长。"漫江碧透,百舸争流"语调升,"漫江碧透"以下逐渐加快加强,语势上扬,以增强动感,显示活力。"鹰击长空,鱼翔浅底"中的"击"字要重读,"浅"字也要重读,不过是很轻松的感觉,想象当时的语境是,鱼儿自由自在地在水里嬉戏,游来游去。"万类"后稍顿,然后放慢速度,最后三字"竞自由"要读得高亢有力。

"怅寥廓,问苍茫大地,谁主沉浮?"这三句,属于快读部分。"怅"要重读,读出诗人的那种豪情,"问苍茫大地"这句的语调要升高,"谁主沉浮"要读得稍微长些。

从上阕中,要读出作者乐观积极的感情和以天下为己任的民族责任感。

下阕侧重抒情。"携来百侣曾游,忆往昔峥嵘岁月稠。"朗诵时语气要舒展平和,语速稍缓。其中的"忆"字是下阕的领起字,稍重读。

"恰同学少年,风华正茂;书生意气,挥斥方遒。指点江山,激扬文字,粪土当年万户侯。""恰"要读得长一些,下面四句要读得情感充沛、干脆有力、意气风发、连贯流畅;后面三句更加有力,速度比前四句还要加快,到"粪土"之后再放慢。整个这一层要一气贯通,铿锵有力,激昂奔放,同时要注意不可把"粪土"和"当年"先组合读,因为"当年万户侯"是一个整体。最后三句"曾记否,到中流击水,浪遏飞舟",借回忆游泳的情况来表现同学们的精神和力量,以设问句结尾,实际上是对"谁主沉浮"这一问题的巧妙回答。

"曾记否,到中流击水,浪遏飞舟?"这句要读得亲切热情又坚强有力。起句应轻而慢,第二句加快上扬,到"水"字又放慢拖长,最后一句,总体要读得慢、高、强,尤其"遏"字要通过音高、音强、音长和停顿等技巧来突出强调。最后,所有的力量和气势都集中于"飞舟"上。末句要读得震撼人心,令人荡气回肠,以突出革命青年激流勇进、以天下为己任的豪情壮志。

从下阕中,要读出革命者对中国革命必胜的信心。

知识链接

　　毛泽东(1893—1976年),字润之,湖南湘潭人。中国人民的领袖,伟大的马克思主义者,无产阶级革命家、战略家和理论家,中国共产党、中国人民解放军和中华人民共和国的主要缔造者和领导人,政治家,军事家,诗人,书法家。毛泽东诗词意境高远,蕴涵丰富,表达了毛泽东的心路历程、伟岸人格和光辉思想。《沁园春·雪》是毛泽东1936年2月创作的又一首以"沁园春"为词牌名的一首词。该词以其最先进的历史观点评古论今,指出人民是真正的风流人物、历史的主人。这首词又以其至高无上的艺术价值,被评论家称为"千古绝唱"。

　　《沁园春·雪》在结构上与《沁园春·长沙》格式相同,都很豪放,意气风发。朗诵时的感情基调基本一样。

沁园春·雪

毛泽东

北国风光,千里冰封,万里雪飘。
望长城内外,惟余莽莽;大河上下,顿失滔滔。
山舞银蛇,原驰蜡象,欲与天公试比高。
须晴日,看红装素裹,分外妖娆。
江山如此多娇,引无数英雄竞折腰。
惜秦皇汉武,略输文采;唐宗宋祖,稍逊风骚。
一代天骄,成吉思汗,只识弯弓射大雕。
俱往矣,数风流人物,还看今朝。

第四单元　入境

单元导读

　　王昌龄在《诗格》中提出："诗有三境：一曰物境，二曰情境，三曰意境。""物境一。欲为山水诗，则张泉石云峰之境，极丽绝秀者神之于心。处身于境，视境于心，莹然掌中，然后用思，了然境象，故得形似。"意思是若想写出好的山水诗，必定要设身处地，遨游其中。本单元在诵读"物境"之经典篇目选择了盛唐时期山水田园派代表人物王维的《山居秋暝》与《鹿柴》，品读他在山水佳篇里所创造的物我两忘的诗境。"情境二。娱乐愁怨，皆张于意而处于身，然后驰思，深得其情。"生活中的娱乐愁怨只有设身处地地深切体验，才能写出情真意切的诗篇。"情境"的经典篇目选择了田园诗派创始人陶渊明的诗歌二则：《饮酒（其五）》《归园田居（其一）》和现代诗人戴望舒的《雨巷》，在诵读中品味古今诗人内心的情怀。"意境三。亦张之于意而思之于心，则得其真矣。"诗歌的意境，更模糊、更抽象、更主观，不仅要体会诗歌中的境界，更要融入自己独特感受。同是一轮明月，从古至今无数文人在月光下倾诉思绪，"意境"的经典篇目选择了唐代诗人张若虚的《春江花月夜》和现代作家朱自清的散文《荷塘月色》，让我们带着自己的独特感受，品读那悬挂在有江水、有落花的夜里属于张若虚的月亮，照耀在开满荷花的荷塘里属于朱自清的月亮……

第一课　陶渊明诗两首

课文导读

　　一个辞去官职回归田园的人、一个喝不上酒，甚至要去朋友家蹭酒喝的人、一个家中贫困，整日陷于柴米油盐生活俗世的人，他的生活应该是窘迫的、困苦的，但他却过着荷锄种豆、采菊泡茶，日出而作、日落而息，与天地花鸟为邻、与四季时令相映成趣的诗意生活，这便是陶渊明。一位不愿为五斗米折腰的东晋田园诗人，他的内心清净澄明，他的诗歌清新淡雅，让我们在诵读《饮酒（其五）》《归园田居（其一）》过程中体会他那闲适自得的情趣和除去世俗杂事的心境。

课　文

微课

饮酒（其五）

[东晋] 陶渊明

结庐在人境①，而无车马喧。

问君何能尔②？心远地自偏。

采菊东篱下，悠然见③南山。

山气日夕④佳⑤，飞鸟相与⑥还。

此中有真意⑦，欲辨已忘言。

归园田居（其一）

[东晋] 陶渊明

少无适俗韵⑧，性本爱丘山⑨。

误落尘网⑩中，一去三十年⑪。

羁鸟⑫恋旧林，池鱼⑬思故渊。

开荒南野际，守拙⑭归园田。

方宅⑮十余亩，草屋八九间。

榆柳荫⑯后檐，桃李罗⑰堂前。

暧暧⑱远人村，依依⑲墟里⑳烟。

狗吠深巷中，鸡鸣桑树颠。

户庭㉑无尘杂，虚室㉒有余闲。

久在樊笼㉓里，复得返自然。

创作背景

陶渊明（约365—427年），字元亮，晚年更名潜，字渊明。别号五柳先生，私谥"靖节"，世称靖节先生。浔阳柴桑（今江西省九江市）人，一作宜丰人。东晋末到刘宋初期

---

① 结庐：建筑房舍。人境：尘世、人类所处的境域。　② 尔：如此，这样。　③ 见(xiàn)：古同"现"，出现、显露。　④ 日夕：近黄昏时，傍晚　⑤ 佳：美、美好。　⑥ 相与：表示同时同地做某件事。此处可理解为相伴。　⑦ 真意：真实的意义。此处可理解为人生的真谛。　⑧ 适俗：适应世俗。韵：气韵、风度。　⑨ 丘山：山林、自然界。　⑩ 尘网：人世。把人世看作束缚人的罗网。　⑪ 三十年：当是"十三年"之误。从陶渊明开始做官到最终归隐，正好是十三年。　⑫ 羁(jī)鸟：笼鸟。　⑬ 池鱼：池中的鱼。亦用以比喻受限制，无法随心所欲，自由伸展。　⑭ 守拙(zhuō)：封建士大夫自诩清高，不做官，清贫自守。　⑮ 方宅：宅地方圆。　⑯ 荫(yìn)：荫蔽。　⑰ 罗：罗列。　⑱ 暧暧(ài)：昏暗不明的样子。　⑲ 依依：依稀、隐约。　⑳ 墟里：村落。　㉑ 户庭：家门以内的庭院。　㉒ 虚室：不特意装饰的居室。　㉓ 樊笼：鸟笼，这里比喻不自由的境地。

诗人、辞赋家、散文家。曾任江州祭酒、建威参军、镇军参军、彭泽县令等职，最末一次出
仕为彭泽县令，八十多天便弃职而去，从此归隐田园。他是中国第一位田园诗人，被称
为"古今隐逸诗人之宗"，有《陶渊明集》。陶渊明的一生大致分为闲居、出仕、隐居三个
阶段，《饮酒》与《归园田居》均作于他隐居之后的作品，也就是四十一岁之后的作品。

　　《饮酒》作于陶渊明辞去彭泽县令后的十二年前后，是一组五言诗，共二十首，并非
是一时所作。这组诗以酒寄意，诗酒结合，作者将自己置身于田园生活中的深切体验化
为诗语，抒写着他对现实的不满和对田园生活的喜爱。教材选用了其中的第五首，也是
最熟知的一首。

　　《归园田居》作于陶渊明辞去彭泽县令后的第二年，也是一组五言诗，共五首，描写
了诗人回归田园的新鲜感受和内心由衷的喜悦。教材选用了其中的第一首，这首诗很
好地诠释了陶渊明在远离世俗官场应酬和世俗杂事干扰后清净闲暇的生活情趣。

朗诵指导

饮酒（其五）
[东晋] 陶渊明

结庐\在人境，而无\车马喧。

问君\何能尔？心远\地自偏。

采菊\东篱下，悠然\见南山。

山气\日夕佳，飞鸟\相与还。

此中\有真意，欲辨\已忘言。

归园田居（其一）

少无\适俗韵，性本\爱丘山。

误落\尘网中，一去\三十年。

羁鸟\恋旧林，池鱼\思故渊。

开荒\南野际，守拙\归园田。

方宅\十余亩，草屋\八九间。

榆柳\荫\后檐，桃李\罗\堂前。

暧暧\远人村,依依\墟里烟。

狗吠\深巷中,鸡鸣\桑树颠。

户庭\无\尘杂,虚室\有\余闲。

久在\樊笼\里,复得\返\自然。

　　自然、质朴、清新隽永是陶渊明诗歌语言上的特点,他的诗歌重自然之情趣,描绘的生活情境令人悠然神往,在读这两首诗歌时,要认真领会诗歌的意境,语速稍慢,节奏舒缓,语调平缓、悠远,用声音营造出一种闲适淡远、宁静雅致的情调。

　　诵读《饮酒(其五)》时,把握"二三"的停顿节奏,诵读时整体语速稍慢,停顿处的"庐""无""君""元"等十个字声音稍轻而长,另外,古诗的诵读注意韵脚字要读得响亮并增加音长,读出诗歌的韵味来。前四句的语气稍平缓,"问君何能尔?心远地自偏。"读出设问语气,是诗人摆脱世俗烦恼方法的自问自答;在诵读"采菊"两句时,语气可加强,凸显出在恬静的田园生活中,意外发现生活美景带来的欣喜。后四句的语气则又归于缓和,诵读到"已忘言"时,要读得渐低、渐慢,读出悠然自得,妙处难与人说的神秘感。

　　《归园田居(其一)》这首诗诵读的节奏停顿大多数也是"二三",但有几个句子在节奏上有变化,诵读的时候需注意。诵读本诗时整体语速稍慢,韵尾压an韵,开口音诵读时声音洪亮,结合诗歌内容,诵读整体情感是欢愉、达观的。诗歌前两句像是作者的自白,起句语调平实自如,如与人叙家常。三四句的"三十年"作重音处理,读出诗人过往岁月长时间奔波于官场的压抑和痛苦;"羁鸟恋旧林,池鱼思故渊"描写的是做官时的心情,从上文转接下来,语气顺畅,用两个相似的对仗句式,诵读时可一快一慢,突出对旧生活的厌倦和对新生活向往之情。接下来的八句"方宅十余亩……鸡鸣桑树颠"用白描的手法描绘了最富有农村特征的环境,动静结合:"狗吠……桑树颠"一句,鸡鸣狗吠之声使美好的田园生活活了起来,这句诗可略用轻松、活泼的语气诵读,体会诗人的喜爱之情;"户庭……有余闲"一句,一"有"一"无"作重音处理,读出愉悦、悠闲之感;最后一句"复得返"三字要读得声音高而气足,读出从官场生活中解脱出来,如释重负的感情。

知识链接

　　陶潜,字元亮,大司马侃之曾孙也。祖茂,武昌太守。潜少怀高尚,博学善属文,颖脱不羁,任真自得,为乡邻之所贵。尝著《五柳先生传》以自况曰:"先生不知何许人,不详姓字,宅边有五柳树,因以为号焉。闲静少言,不慕荣利。好读书,不求甚解,每有会意,欣然忘食。性嗜酒,而家贫不能恒得。亲旧知其如此,或置酒招之，造饮必尽，期在必醉。既醉而退，曾不吝情。环堵萧然，不蔽风日，短褐穿结，箪瓢屡空，晏如也。常著文章自娱，颇示己志，忘怀得失，以此自终。"其自序如此，时人谓之实录。

以亲家贫，起为州祭酒，不堪吏职，少日自解归。州召主簿，不就，躬耕自资，遂抱羸疾。复为镇军、建威参军，谓亲朋曰："聊欲弦歌，以为三径之资可乎？"执事者闻之，以为彭泽令。……郡遣督邮至县，吏白应束带见之，潜叹曰："吾不能为五斗腰，拳拳奉事乡里小人邪！"义二年，解印去县，乃赋《归去来》。

——《晋书·陶潜传》

归去来兮辞（并序）

[东晋] 陶渊明

余家贫，耕植不足以自给。幼稚盈室，瓶无储粟，生生所资，未见其术。亲故多劝余为长吏，脱然有怀，求之靡途。会有四方之事，诸侯以惠爱为德，家叔以余贫苦，遂见用于小邑。于时风波未静，心惮远役，彭泽去家百里，公田之利，足以为酒。故便求之。及少日，眷然有归欤之情。何则？质性自然，非矫厉所得。饥冻虽切，违己交病。尝从人事，皆口腹自役。于是怅然慷慨，深愧平生之志。犹望一稔，当敛裳宵逝。寻程氏妹丧于武昌，情在骏奔，自免去职。仲秋至冬，在官八十余日。因事顺心，命篇曰《归去来兮》。乙巳岁十一月也。

归去来兮，田园将芜胡不归？既自以心为形役，奚惆怅而独悲？悟已往之不谏，知来者之可追。实迷途其未远，觉今是而昨非。舟遥遥以轻飏，风飘飘而吹衣。问征夫以前路，恨晨光之熹微。

乃瞻衡宇，载欣载奔。僮仆欢迎，稚子候门。三径就荒，松菊犹存。携幼入室，有酒盈樽。引壶觞以自酌，眄庭柯以怡颜。倚南窗以寄傲，审容膝之易安。园日涉以成趣，门虽设而常关。策扶老以流憩，时矫首而遐观。云无心以出岫，鸟倦飞而知还。景翳翳以将入，抚孤松而盘桓。

归去来兮，请息交以绝游。世与我而相违，复驾言兮焉求？悦亲戚之情话，乐琴书以消忧。农人告余以春及，将有事于西畴。或命巾车，或棹孤舟。既窈窕以寻壑，亦崎岖而经丘。木欣欣以向荣，泉涓涓而始流。善万物之得时，感吾生之行休。

已矣乎！寓形宇内复几时？曷不委心任去留？胡为乎遑遑欲何之？富贵非吾愿，帝乡不可期。怀良辰以孤往，或植杖而耘耔。登东皋以舒啸，临清流而赋诗。聊乘化以归尽，乐夫天命复奚疑！

第二课　春江花月夜

课文导读

　　一千多年前一个春天的夜晚,诗人张若虚伫立江边,望着一轮明月从升起到高悬,再到西斜,最后落下,天地万物在月色的映照下展现出一幅静谧的春夜奇景,随即吟诵出一篇长诗——《春江花月夜》,诗题一字一景,全诗将画意、诗情、哲理巧妙融为一体,呈现出景、情、理交融的优美境界。此诗歌受到后人的盛赞,闻一多先生更是称赞其为"诗中的诗,顶峰上的顶峰"。

课　　文

微课

春江花月夜
[唐] 张若虚

春江潮水连海平,海上明月共潮生①。
滟滟②随波千万里,何处春江无月明!
江流宛转绕芳甸③,月照花林皆似霰④;
空里流霜⑤不觉飞,汀⑥上白沙看不见。
江天一色无纤尘⑦,皎皎空中孤月轮⑧。
江畔何人初见月? 江月何年初照人?
人生代代无穷已⑨,江月年年望⑩相似。
不知江月待何人,但见⑪长江送流水。
白云一片去悠悠⑫,青枫浦⑬上不胜愁。
谁家今夜扁舟子⑭? 何处相思明月楼⑮?
可怜楼上月徘徊⑯,应照离人⑰妆镜台⑱。

---

　　① 海上明月共潮生:月亮从地平线升起,在水边望去,就好像从浪潮中涌出一样。　② 滟(yàn)滟:水波映光,闪闪耀眼的样子。　③ 芳甸(diàn):长满芳草的郊野。　④ 霰(xiàn):在高空中的水蒸气遇到冷空气凝结成的小冰粒,多在下雪前或下雪时出现。此处形容月光下春花晶莹洁白。　⑤ 流霜:空中的飞霜,诗文中通常指月光。　⑥ 汀(tīng):水边平地、小洲。　⑦ 纤(xiān)尘:微尘、细尘。　⑧ 月轮:圆月。月圆时像车轮,所以称为月轮。　⑨ 穷已:穷尽、终了。　⑩ 望:另作"只"。　⑪ 但见:只见、仅见。　⑫ 悠悠:渺远无尽的样子。　⑬ 青枫浦:地名。又名双枫浦,在今湖南省浏阳县南。另指长满枫林的水边。这里泛指游子所在的地方。　⑭ 扁(piān)舟子:飘摇无定,比喻漂泊他乡的游子。扁舟:小舟。　⑮ 明月楼:月夜下的闺楼。这里指闺中思妇。　⑯ 徘徊:指月光偏照闺楼,徘徊不去,令人不胜其相思之苦。　⑰ 离人:古代文人们常用的一个词语,常代表伤感,指离别的人,形容离开家乡的人,表达对家乡的依依不舍。这里指思妇。　⑱ 妆镜台:梳妆台。

玉户①帘中卷不去,捣衣砧②上拂还来。

此时相望不相闻③,愿逐④月华⑤流照君。

鸿雁长飞光不度,鱼龙潜跃水成文⑥。

昨夜闲潭⑦梦落花,可怜春半不还家。

江水流春去欲尽,江潭落月复西斜。

斜月沉沉藏海雾,碣石潇湘⑧无限路⑨。

不知乘月⑩几人归,落月摇情⑪满江树。

创作背景

张若虚的生平经历不详,其事迹略见于《旧唐书·贺知章传》,也仅是记载着张若虚主要活动在 7 世纪中期至 8 世纪前期,曾任兖州兵曹,与贺知章、张旭、包融并称为"吴中四士"。目前存世的诗篇仅两篇——《代答闺梦还》和《春江花月夜》,却丝毫没有影响他在高手如云的唐代诗坛的地位。

古代文学作品的接受和传播并不是即时的,从唐至元,张若虚的《春江花月夜》几乎无人所重,它第一次被收录是在宋朝郭茂倩编的《乐府诗集》中,当时收录了七首乐府旧题,《春江花月夜》只是其中的一首,然而随着诗歌的不断传颂、读者的不断解读,它又获得了不朽的艺术生命,甚至成为一首传奇之作。

朗诵指导

春江花月夜
[唐] 张若虚

春江/潮水\\连海平,海上/明月\共潮生。

滟滟随波\/千万里,何处春江\\无月明!

江流宛转\\绕芳甸,月照花林\皆似霰;

空里流霜\不觉飞,汀上白沙\\看\不\见。

江天一色\无纤尘,皎皎空中\/孤月轮。

①玉户:玉饰的门户,亦用作门户的美称。 ②捣衣砧(zhēn):古时洗衣服时用来放衣服下面供捶打的石头。 ③相闻:互通音信。 ④逐:追随。 ⑤月华:月光。 ⑥文:同"纹"。 ⑦闲潭:幽静的水潭。 ⑧碣(jié)石:山名,在渤海边上。潇湘:湘江与潇水,在今湖南。这里两个地名一南一北,暗指路途遥远,相聚无望。 ⑨无限路:路途遥远,说明离人相距之远。 ⑩乘月:趁着月光。 ⑪摇情:激荡情思,犹言牵情。不绝如缕的思念之情,将月光之情、游子之情、诗人之情交织成一片,洒落在江树上。

江畔何人初见月？江月何年初照人？

人生代代无穷已，江月年年望相似。

不知江月待何人，但见长江送流水。

白云一片去悠悠，青枫浦上不胜愁。

谁家今夜扁舟子？何处相思明月楼？

可怜楼上月徘徊，应照离人妆镜台。

玉户帘中卷不去，捣衣砧上拂还来。

此时相望不相闻，愿逐月华流照君。

鸿雁长飞光不度，鱼龙潜跃水成文。

昨夜闲潭梦落花，可怜春半不还家。

江水流春去欲尽，江潭落月复西斜。

斜月沉沉藏海雾，碣石潇湘无限路。

不知乘月几人归，落月摇情满江树。

《春江花月夜》全诗共三十六句，每四句换一韵，整首诗由景、理、情依次展开，分别描写了月下之景、月下之理、月下之情，也将诗歌分为了三部分：第一部分从开头到"汀上白沙看不见"的春江美景；第二部分从"江天一色无纤尘"到"但见长江送流水"，面对江月由此产生的感慨；第三部分从"白云一片去悠悠"到结尾写出了思妇游子的离愁别绪。全诗营造了一种浪漫、朦胧的飘逸之美，诵读此诗要做到情随景生。

诵读本诗时，首先确定"四三"的停顿节奏，诗歌整体节奏舒缓。一开篇首句"潮水""明月""平"重读，展现出江潮连海、月共潮生的宏伟气势与壮阔景象，"生"字声音绵长、悠远，勾勒出一幅春江月夜的优美画面。"滟滟"到"看不见"三句，由大到小，由远及近，在月光的笼罩之下世间万物的五光十色都染成梦幻般的银灰色，在诵读上用细腻的情感朗读出诗人笔下幽美恬静的春江花月夜的浪漫奇景。

清明澄澈的景色将人带入了一个纯净世界，从而引起了诗人的遐思冥想。"江天一色无纤尘"到"但见长江送流水"四句，表达的是诗人对人生的哲理与宇宙奥秘的探索。诵读这四句在把握基本的节奏、轻重音、语调之外，也要把握诗人对宇宙无穷的感慨、对人生短暂的感伤，但情感不是失望，而是对人生的追求与热爱，整体基调哀而不伤。

　　"白云"四句总写思妇怀远与游子思乡之情。"白云""青枫浦"为古诗中常用的离别的词语，诵读时做轻读处理。"谁家""何处"二句互文见义，正因不止一家、一处有离愁别恨，语势上扬，读出设问语气。

　　以下"可怜"八句承"何处"句，写思妇对离人的怀念。诗句不直接描绘思妇的相思之苦，而以"月"来烘托思念之情，将月拟人化，月光怀着对思妇的悲悯之情，在楼上徘徊不肯离去，"可怜""徘徊"作重读处理。柔和的月光洒在妆镜台上、玉户帘上、捣衣砧上，"应照""不去""拂"读出思妇内心的惆怅和迷惘。

　　最后八句写游子，诗人用落花、流水、残月来烘托游子的思归之情，要读出游子归家的憧憬与离乡的落寞。碣石、潇湘，天各一方，道路是多么遥远。为体现诗句的押韵和谐，"斜"读作 xiá，"沉沉"叠词重读，渲染孤寂；"无限路"读出无限的乡思。末句的"摇情"将月光之情、游子之情、诗人之情融为一体，做重音处理，语速适合较慢，读出不绝如缕的思念之情。

　　读完诗歌，感受诗歌内在自然、平和的感情，诗人的情感像是在幽静的夜空下钢琴弹奏出的梦幻曲，含蓄而隽永，诵读时将丝丝入扣的声情与连绵起伏的诗情、纯净静谧的诗境融为一体，感受诗人用春、江、花、月、夜这五种最动人的良辰美景构成的奇妙艺术境界。

知识链接

链接一

　　《春江花月夜》为乐府《清商辞曲·吴声歌曲》旧题，相传为南朝陈后主所作，原词已不传，《旧唐书·音乐志二》云："《春江花月夜》《玉树后庭花》《堂堂》，并陈后主作。叔宝常与宫中女学士及朝臣相和为诗，太乐令何胥又善于文咏，采其尤艳丽者以为此曲。"后来隋炀帝又曾做过此曲。《乐府诗集》卷四十七收《春江花月夜》七篇，其中有隋炀帝的两篇。张若虚的这首为拟题作诗，与原先的曲调已不同，却是最有名的。

链接二

代答闺梦还

［唐］张若虚

关塞年华早，楼台别望违。

试衫著暖气，开镜觅春晖。

燕入窥罗幕，蜂来上画衣。

情催桃李艳，心寄管弦飞。

妆洗朝相待，风花暝不归。

梦魂何处入，寂寂掩重扉。

第三课　王维诗两首

课文导读

　　瑞士哲学家阿米尔曾说过"一片自然风景,是一个心灵的境界",近代学者王国维在《人间词话》中也有过相似的阐述:"一切景语皆情语。"的确,外物是客观的,但折射在人们心灵时却产生了相融,中国的山水田园诗便是如此。自然界的山水是不会产生喜怒哀乐的感情,但王维的诗却能让我们实实在在感受到自然的生命动态中人的心灵动态,让我们在诵读中感受王维诗歌中的物我交融之境。

课　文

微课

山居秋暝①
[唐]王维

空山②新雨③后,天气晚来秋。
明月松间照,清泉石上流。
竹喧归浣女④,莲动下渔舟。
随意春芳歇⑤,王孙⑥自可留。

鹿柴⑦
[唐]王维

空山不见人,但⑧闻⑨人语响。
返景⑩入深林,复照青苔上。

创作背景

　　王维(701—761年),盛唐时期的著名诗人,字摩诘,别号"诗佛",祖籍山西太原祁县。他既是盛唐诗人的杰出代表之一,也是中国文学史上山水田园诗派的代表人物之一,一生留下了许多脍炙人口的优秀诗篇,因官至尚书右丞,所以人称王右丞。有《王右丞集》,流传至今有400多首诗歌。

---

　　①暝:日落、天黑。　②空山:幽深少人的山林。　③新雨:刚下过的雨。　④浣(huàn)女:洗衣服的姑娘。　⑤随意:任意。春芳:春天开的花或春天的花香、气息。歇:消失。　⑥王孙:泛指贵族子孙,后来也泛指隐居的,在这里王维是自指。　⑦鹿柴(zhài):王维辋川别业中的一处景致。柴:同"寨",篱笆。　⑧但:只。　⑨闻:听见。　⑩返景:日光反照。

王维四十岁的时候，朝廷任命其为"知南选"，他自长安经襄阳、郧州、夏口至岭南，南下出了一趟长差，从南方归来的王维彻底地"独善其身"了。

他出资在长安附近的蓝田川，也就是现在的陕西蓝田买了一份产业，开始了半官半隐的生活。这个地方因为水系发达，山峰格外秀媚，他经过一番苦心经营，长长的辋川山谷被修成可耕可牧、能渔能樵的大园林。素有林泉之癖的王维悠游其中，其欣喜之情可想而知。在这期间，他创作了许多描写山村景色和农家田园生活的名篇。其中与好友裴迪相互应酬的诗作收入《辋川集》。

《山居秋暝》这首诗虽未被收入《辋川集》，却是王维隐居辋川别业时所作，是他山水田园诗歌代表作之一，写自己在初秋时节，隐居山居所见雨后黄昏的景色。

《鹿柴》是《辋川集》中的第四首诗，诗中描绘了鹿柴附近空山深林中傍晚时分的幽静景色，王维用他画家、音乐家、诗人特有的敏感抓住了林中有声的寂静、有光的幽暗。《诗法易简录》评价这首诗："人语响是有声也，返景照是有色也。写空山不从无声无色处写，偏从有声有色处写，而愈见其空。"

朗诵指导

山居秋暝
[唐]王维

空山\新雨\后，天气\晚来\秋。

明月\松间\照，清泉\石上\流。

竹喧\归\浣女，莲动\下\渔舟。

随意\春芳\歇，王孙\自可\留。

鹿柴
[唐]王维

空山\不见人，但闻\人语响。

返景\入深林，复照\青苔上。

王维写诗，既有画家对色彩、光影的细微感官，又有音乐家对声音的敏锐感受，所以能够把握住大自然本身的生命动态，《山居秋暝》和《鹿柴》这两首诗是将景物与情感、声音与形象结合得很好的诗歌。虽都是描绘自然山水，但在诵读时，这两首诗歌的情感基调有些不同。《山居秋暝》像一幅清新秀丽的山水画，又像一支优美的抒情钢琴曲，在幽静的基调上浮动着安恬的气息，蕴含着活泼的生机，诵读时体会诗中欢动的韵味，突出欢快、愉悦的感情基调，以体味诗人对山水田园的欣赏与热爱之情。《鹿柴》则带有幽冷空寂的色彩,诵读时语速缓慢、降调,语气平静舒缓。

《山居秋暝》全诗40个字,却有13个开口音,开口音的字在诵读时声音响亮,这也奠定了诗歌感情基调是欢快、愉悦的。诗押平声iu韵,隔句用韵,读韵尾字时延长,声断气连,读出韵味。诗歌节奏首联、颔联、尾联是"二二一"的节奏,颈联的动词在句中,是"二一二"的节奏。首联、颔联描写的是"空山"之幽静,声音轻柔、缓慢;诵读颈联时,注意对仗句句法的变化,声音轻巧,语气舒畅,读出竹林中浣女归来、渔船穿过荷花的动态美。尾联读出怡然自得的满足心情。

诵读《鹿柴》时把握其"二三"的停顿节奏,宜用比较平缓的语速和语调,不要有快慢或抑扬顿挫的变化。本诗押ang韵,"响""上"都为上声字,上声的声调曲折变化是先沉下去再高起来,中间有一个转折,诵读时,这个转折要读出悠远的感觉。

知识链接

链接一

　　味摩诘之诗,诗中有画;观摩诘之画,画中有诗。诗曰:"荆溪白石出,天寒红叶稀。山路元无雨,空翠湿人衣。"

——宋·苏轼《东坡题跋·书摩诘〈蓝田烟雨图〉》

　　王右丞雪中芭蕉为画苑奇构。芭蕉乃商飙速朽之物,岂能凌冬不乎? 右丞深于禅理,故有是画,以喻沙门不坏之身,四时保其坚固也。

——清·金农《冬心集拾·杂画题记》

链接二

辋川别业与《辋川集》

　　唐朝经济文化繁荣发展,社会安定,文人墨客们在山间营建庄园的现象兴盛一时,储光羲的终南山庄园、孟浩然的润南园、岑参的杜陵别业、高适有淇上别业、祖咏的汝汶别业……王维也在长安附近的蓝田辋川山谷修建了一份园林——辋川别业,王维在这里过着半官半隐的生活。辋川别业水系发达,山峰秀美,《辋川集》序中就有记载:"余别业在辋川山谷,其游止有孟城坳、华子冈、文杏馆、斤竹岭、鹿柴、木兰柴、茱萸泮、宫槐陌、临湖亭、南垞、欹湖、柳浪、栾家濑、金屑泉、白石滩、北垞、竹里馆、辛夷坞、漆园、椒园等,与裴迪闲暇,各赋绝句云尔。"

　　在这里居住期间,王维创作了许多描写山村景色和农家田园风光的名篇,最著名的便是《辋川集》。《辋川集》共四十首诗,除王维的二十首之外,友人裴迪赋诗唱和也为辋川二十景各作了一首诗。本文中的《鹿柴》便是《辋川集》中描写辋川二十景中一景的诗篇。

链接三

鹿　柴

[唐] 裴迪

日夕见寒山,便为独往客。

不知深林事,但有麐麚^①迹。

【注释】① 麐麚(jūn jiā):泛指鹿类动物。

　　这首诗是裴迪应王维《鹿柴》而作,两人同题而咏,诗歌的内容也基本相似,但是在描写山之"寒"时使用的手法却不一致。王维的诗歌用几缕夕阳回光斜照在树林中,让夕阳的暖色与空山的幽暗形成强烈的对比,而裴诗在首句直接点出"寒山"二字,以无温度写山之寒。

第四课　满庭芳

课文导读

　　秦观《满庭芳》被苏轼称为"山抹微云君"。此词语言清丽舒展,在高远而苍凉的风景中,别情自然入画,尤其是"山抹微云,天连衰草"两句,让北宋人印象非常深刻。接下来的视听感、远景近景和叙事,都展示出这个大手笔的不一般。

课　文

满庭芳

[宋] 秦观

　　山抹微云,天连衰草,画角声断谯门。暂停征棹^①,聊共引离尊。多少蓬莱旧事,空回首,烟霭纷纷。斜阳外,寒鸦万点,流水绕孤村。

　　销魂,当此际,香囊暗解,罗带轻分。谩赢得,青楼薄幸名存。此去何时见也,襟袖上,空惹啼痕^②。伤情处,高城望断,灯火已黄昏。

创作背景

　　秦观(1049—1100 年),字太虚,后改字少游,学者称淮海先生,高邮(今江苏)人。"苏门四学士"之一,以词著称,有《淮海居士长短句》。写这首词的时候,秦观 31 岁,而立之年,是其成名之作。这首词是写给越州知州程师孟的离别词,不是男女恋人间的离

---

① 棹(zhào):船桨。　② 啼痕:泪痕。

别词,《谢程公辟启》可以为《满庭芳》的自注。年轻的秦观狂放不羁而受到排挤,知州程师孟宽宏大量接纳了他,并欣赏他,礼遇他,对他奖拔提携,激发了他的绝世才华。

诵读指导

满庭芳
〔宋〕秦观

山抹微云,天连衰草,画角声断谯门。

暂停征棹,聊共引离尊。

多少蓬莱旧事,空回首,烟霭纷纷。

斜阳外,寒鸦万点,流水绕孤村。

销魂,当此际,香囊暗解,罗带轻分。

谩赢得,青楼薄幸名存。

此去何时见也,襟袖上、空惹啼痕。

伤情处,高城望断,灯火已黄昏。

知识链接

望海潮
〔宋〕秦观

梅英疏淡,冰澌溶泄,东风暗换年华。金谷俊游,铜驼巷陌,新晴细履平沙。长记误随车。正絮翻蝶舞,芳思交加。柳下桃蹊,乱分春色到人家。 西园夜饮鸣笳。有华灯碍月,飞盖妨花。兰苑未空,行人渐老,重来是事堪嗟。烟暝酒旗斜。但倚楼极目,时见栖鸦。无奈归心,暗随流水到天涯。

八六子
〔宋〕秦观

倚危亭。恨如芳草,萋萋刬尽还生。念柳外青骢别后,水边红袂分时,怆然暗惊。 无端天与娉婷。夜月一帘幽梦,春风十里柔情。怎奈向欢娱尽随流水,素弦声断,翠绡香减,那堪片片飞花弄晚,濛濛残雨笼晴。正销凝。黄鹂又啼数声。

满庭芳

[宋] 秦观

晓色云开,春随人意,骤雨才过还晴。古台芳榭,飞燕蹴红英。舞困榆钱自落,秋千外、绿水桥平。东风里,朱门映柳,低按小秦筝。 多情。行乐处,珠钿翠盖,玉辔红缨。渐酒空金榼,花困蓬瀛。豆蔻梢头旧恨,十年梦、屈指堪惊。凭阑久,疏烟淡日,寂寞下芜城。

减字木兰花

[宋] 秦观

天涯旧恨。独自凄凉人不问。欲见回肠。断尽金炉小篆香。 黛蛾长敛。任是春风吹不展。困倚危楼。过尽飞鸿字字愁。

踏莎行

[宋] 秦观

雾失楼台,月迷津渡。桃源望断无寻处。可堪孤馆闭春寒,杜鹃声里斜阳暮。驿寄梅花,鱼传尺素。砌成此恨无重数。郴江幸自绕郴山,为谁流下潇湘去。

浣溪沙

[宋] 秦观

漠漠轻寒上小楼。晓阴无赖似穷秋。淡烟流水画屏幽。 自在飞花轻似梦,无边丝雨细如愁。宝帘闲挂小银钩。

阮郎归

[宋] 秦观

湘天风雨破寒初。深沉庭院虚。丽谯吹罢《小单于》。迢迢清夜徂。 乡梦断,旅魂孤。峥嵘岁又除。衡阳犹有雁传书。郴阳和雁无。

鹧鸪天

[宋] 秦观

枝上流莺和泪闻。新啼痕间旧啼痕。一春鱼鸟无消息,千里关山劳梦魂。无一语,对芳尊。安排肠断到黄昏。甫能炙得灯儿了,雨打梨花深闭门。

第五课　点绛唇·丁未冬过吴松作

课文导读

　　很多人都说姜夔的这首小词写得太好了,空灵而凄苦,高远又低回,欲言又止,风景如画。如果我们是导演,这一艘漂泊的客船,游到了何方?词人姜夔他站在哪儿?找准了机位,我们才能还原这个唯美的画面,在历史地理的现场,抽丝剥茧,触摸他内心深处那份巨大的孤独。

课　文

点绛唇·丁未冬过吴松作
[宋]姜夔①

　　燕雁无心,太湖西畔随云去。数峰清苦。商略黄昏雨。　第四桥边,拟共天随住。今何许?凭阑②怀古,残柳参差舞。

创作背景

　　姜夔(1154—1221年),字尧章,号白石道人,鄱阳(今江西波阳)人,有《白石道人诗集》《白石道人歌曲》等,他能自度曲,今存词87首。姜夔最大的特长就是精通音律,能够审读乐理,订正乐谱,并且自行创制新的词牌曲调。

诵读指导

点绛唇·丁未冬过吴松作
[宋]姜夔

| | — | — | — | | — — |
燕雁无心,太湖西畔随云去。

| — | — | — | | — — |
数峰清苦。商略黄昏雨。

| | | — | — | | — — |
第四桥边,拟共天随住。

— — | | — — | | | — — |
今何许?凭阑怀古,残柳参差舞。

---

　　① 姜夔:(kuí)。　② 阑:门前栅栏。

知识链接

庆宫春

[宋] 姜夔

绍熙辛亥除夕,余别石湖归吴兴,雪后夜过垂虹,尝赋诗云:"笠泽茫茫雁影微,玉峰重叠护云衣;长桥寂寞春寒夜,只有诗人一舸归。"后五年冬,复与俞商卿、张平甫、铦朴翁,自封禺同载诣梁溪。道经吴松,山寒天迥,云浪四合,中夕相呼步垂虹,星斗下垂,错杂渔火,朔吹凛凛,舠酒不能支。朴翁以衾自缠,犹相与行吟,因赋此阕。盖过旬,涂稿乃定。朴翁咎余无益,然意所耽,不能自已也。平甫、商卿、朴翁皆工于诗,所出奇诡;余亦强追逐之。此行既归,各得五十余解。

双桨莼波,一蓑松雨,暮愁渐满空阔。呼我盟鸥,翩翩欲下,背人还过木末。那回归去,荡云雪,孤舟夜发。伤心重见,依约眉山,黛痕低压。 采香径里春寒,老子婆娑,自歌谁答。垂虹西望,飘然引去,此兴平生难遏。酒醒波远,正凝想、明珰素袜。如今安在,唯有阑干,伴人一霎。

齐天乐

[宋] 姜夔

丙辰岁,与张功父会饮张达可之堂。闻屋壁间蟋蟀有声,功父约予同赋,以授歌者。功父先成,辞甚美。予裴回茉莉花间,仰见秋月,顿起幽思,寻亦得此。蟋蟀,中都呼为促织,善斗。好事者或以三二十万钱致一枚,镂象齿为楼观以贮之。

庾郎先自吟愁赋。凄凄更闻私语。露湿铜铺,苔侵石井,都是曾听伊处。哀音似诉。正思妇无眠,起寻机杼。曲曲屏山,夜凉独自甚情绪。 西窗又吹暗雨。为谁频断续、相和砧杵。候馆迎秋,离宫吊月,别有伤心无数。豳诗漫与。笑篱落呼灯,世间儿女。写入琴丝,一声声更苦。

念奴娇

[宋] 姜夔

予客武陵,湖北宪治在焉。古城野水,乔木参天,予与二三友日荡舟其间,薄荷花而饮,意象幽闲,不类人境。秋水且涸,荷叶出地寻丈,因列坐其下,上不见日。清风徐来,绿云自动,间于疏处窥见游人画船,亦一乐也。揭来吴兴,数得相羊荷花中。又夜泛西湖,光景奇绝。故以此句写之。

闹红一舸,记来时、尝与鸳鸯为侣。三十六陂人未到,水佩风裳无数。翠叶吹凉,玉容销酒,更洒菰蒲雨。嫣然摇动,冷香飞上诗句。 日暮青盖亭亭,情人不见,争忍凌波去。只恐舞衣寒易落,愁入西风南浦。高柳垂阴,老鱼吹浪,留我花间住。田田多少,几回沙际归路。

淡黄柳

[宋] 姜夔

客居合肥南城赤阑桥之西，巷陌凄凉，与江左异。唯柳色夹道，依依可怜。因度此阕，以纾客怀。

空城晓角。吹入垂杨陌。马上单衣寒恻恻。看尽鹅黄嫩绿，都是江南旧相识。

正岑寂，明朝又寒食。强携酒，小桥宅。怕梨花、落尽成秋色。燕燕飞来，问春何在，唯有池塘自碧。

暗香

[宋] 姜夔

辛亥之冬，余载雪诣石湖。止既月，授简索句，且征新声。作此两曲。石湖把玩不已，使工妓隶习之，音节谐婉。乃名之曰暗香、疏影。

旧时月色。算几番照我、梅边吹笛？唤起玉人，不管清寒与攀摘。何逊而今渐老，都忘却、春风词笔。但怪得、竹外疏花，香冷入瑶席。　　江国。正寂寂。叹寄与路遥，夜雪初积。翠尊易泣，红萼无言耿相忆。长记曾携手处，千树压、西湖寒碧。又片片、吹尽也，几时见得？

疏影

[宋] 姜夔

苔枝缀玉。有翠禽小小，枝上同宿。客里相逢，篱角黄昏，无言自倚修竹。昭君不惯胡沙远，但暗忆、江南江北。想佩环、月夜归来，化作此花幽独。　　犹记深宫旧事，那人正睡里，飞近蛾绿。莫似春风、不管盈盈，早与安排金屋。还教一片随波去，又却怨、玉龙哀曲。等恁时，重觅幽香，已入小窗横幅。

翠楼吟

[宋] 姜夔

淳熙丙午冬，武昌安远楼成，与刘去非诸友落之，度曲见志。余去武昌十年，故人有泊舟鹦鹉洲者，闻小姬歌此词，问之，颇能道其事；还吴，为余言之。兴怀昔游，且伤今之离索也。

月冷龙沙，尘清虎落，今年汉酺初赐。新翻胡部曲，听毡幕、元戎歌吹，层楼高峙。看槛曲萦红，檐牙飞翠。人姝丽。粉香吹下，夜寒风细。　　此地。宜有词仙，拥素云黄鹤，与君游戏。玉梯凝望久，但芳草、萋萋千里。天涯情味。仗酒祓清愁，花销英气。西山外，晚来还卷，一帘秋霁。

第六课　荷塘月色

课文导读

优秀的作家,能够给每一个平凡的意象注入深远的诗情,现代散文家朱自清便是,郁达夫称赞"他的散文仍能够贮满着那一种诗意","荷塘""月色"这些极其平凡的意象在他的笔下构成了充满着诗情画意的意境。作者置身于淡雅朦胧的荷香月色之中生出淡淡的喜悦,但是社会、生活的现实处境却又让这良辰美景蒙上难以排遣的淡淡的哀愁。

课　　文

微课

荷塘月色

朱自清

这几天心里颇不宁静。今晚在院子里坐着乘凉,忽然想起日日走过的荷塘,在这满月的光里,总该另有一番样子吧。月亮渐渐地升高了,墙外马路上孩子们的欢笑,已经听不见了;妻在屋里拍着闰儿①,迷迷糊糊地哼着眠歌。我悄悄地披了大衫,带上门出去。

沿着荷塘,是一条曲折的小煤屑路。这是一条幽僻的路;白天也少人走,夜晚更加寂寞。荷塘四面,长着许多树,蓊蓊郁郁②的。路的一旁,是些杨柳,和一些不知道名字的树。没有月光的晚上,这路上阴森森的,有些怕人。今晚却很好,虽然月光也还是淡淡的。

路上只我一个人,背着手踱③着。这一片天地好像是我的;我也像超出了平常的自己,到了另一个世界里。我爱热闹,也爱冷静;爱群居,也爱独处。像今晚上,一个人在这苍茫的月下,什么都可以想,什么都可以不想,便觉是个自由的人。白天里一定要做的事,一定要说的话,现在都可不理。这是独处的妙处,我且受用这无边的荷香月色好了。

曲曲折折④的荷塘上面,弥望⑤的是田田⑥的叶子。叶子出水很高,像亭亭的舞女的裙。层层的叶子中间,零星地点缀⑦着些白花,有袅娜⑧地开着的,有羞涩地打着朵儿的;正如一粒粒的明珠,又如碧天里的星星,又如刚出

---

①闰儿:指朱闰生,朱自清的二儿子。　②蓊蓊郁郁(wěng wěng yù yù):形容草木茂盛的样子。　③踱(duó):慢慢地走。　④曲曲折折:形容弯曲。　⑤弥望:满眼。弥:满。　⑥田田:形容荷叶相连的样子。　⑦点缀(diǎn zhuì):衬托、装饰。　⑧袅娜:形容草或枝条细长柔软。

浴的美人。微风过处,送来缕缕清香,仿佛远处高楼上渺茫的歌声似的。这时候叶子与花也有一丝的颤动,像闪电般,霎时①传过荷塘的那边去了。叶子本是肩并肩密密地挨着,这便宛然有了一道凝碧的波痕。叶子底下是脉脉②的流水,遮住了,不能见一些颜色;而叶子却更见风致③了。

月光如流水一般,静静地泻在这一片叶子和花上。薄薄的青雾浮起在荷塘里。叶子和花仿佛在牛乳中洗过一样;又像笼着轻纱的梦。虽然是满月,天上却有一层淡淡的云,所以不能朗照;但我以为这恰是到了好处——酣眠④固不可少,小睡也别有风味的。月光是隔了树照过来的,高处丛生的灌木,落下参差的斑驳的黑影,峭楞楞⑤如鬼一般;弯弯的杨柳的稀疏的倩影,却又像是画在荷叶上。塘中的月色并不均匀;但光与影有着和谐的旋律,如梵婀玲⑥上奏着的名曲。

荷塘的四面,远远近近,高高低低都是树,而杨柳最多。这些树将一片荷塘重重围住;只在小路一旁,漏着几段空隙,像是特为月光留下的。树色一例是阴阴的,乍看像一团烟雾;但杨柳的丰姿,便在烟雾里也辨得出。树梢上隐隐约约的是一带远山,只有些大意罢了。树缝里也漏着一两点路灯光,没精打采的,是渴睡人的眼。这时候最热闹的,要数树上的蝉声与水里的蛙声;但热闹是它们的,我什么也没有。

忽然想起采莲的事情来了。采莲是江南的旧俗,似乎很早就有,而六朝时为盛;从诗歌里可以约略知道。采莲的是少年的女子,她们是荡着小船,唱着艳歌去的。采莲人不用说很多,还有看采莲的人。那是一个热闹的季节,也是一个风流的季节。梁元帝《采莲赋》里说得好:于是妖童媛女⑦,荡舟心许;鹢首⑧徐回,兼传羽杯⑨;棹⑩将移而藻挂,船欲动而萍开。尔其纤腰束素⑪,迁延顾步⑫;夏始春余,叶嫩花初,恐沾裳而浅笑,畏倾船而敛裾⑬。

可见当时嬉游的光景⑭了。这真是有趣的事,可惜我们现在早已无福消受了。

于是又记起,《西洲曲》⑮里的句子:

---

①霎(shà)时:极短的时间、片刻。 ②脉脉(mò mò):形容水没有声音、好像深含感情的样子。 ③风致:美好的容貌和举止。 ④酣眠:熟睡、沉睡。 ⑤峭楞楞(qiào léng léng):指寂然无声地直立着。 ⑥梵婀玲(fàn ē líng):音译词,西洋乐器小提琴。 ⑦妖童媛女:俊俏的少年和美丽的女子。 ⑧鹢首:船头。古代画鹢鸟于船头,故称。 ⑨羽杯:古代饮酒用的耳杯。 ⑩棹(zhào):划船的一种工具,形状和桨差不多。 ⑪纤腰束素:形容女子腰肢细柔。 ⑫迁延顾步:徘徊自顾、回首缓行。 ⑬敛裾:提着衣襟。裾:衣襟。 ⑭光景:光阴、时光。 ⑮《西洲曲》:乐府《杂曲歌辞》名。南朝无名氏作。因首句有"忆梅下西洲",故名《西洲曲》,内容抒写少女对久别的情人的怀念,是南朝乐府中的名篇。文中节选了其中两句。

采莲南塘秋,莲花过人头;低头弄莲子,莲子清如水。

今晚若有采莲人,这儿的莲花也算得"过人头"了;只不见一些流水的影子,是不行的。这令我到底惦着江南了。——这样想着,猛一抬头,不觉已是自己的门前;轻轻地推门进去,什么声息也没有,妻已睡熟好久了。

一九二七年七月,北京清华园

创作背景

朱自清(1898—1948 年),原名自华,号秋实,后改名自清,字佩弦。原籍浙江绍兴,出生于江苏省东海县(今连云港市东海县平明镇),后随父定居扬州。中国现代散文家、诗人、学者、民主战士,代表作有《春》《绿》《背影》《荷塘月色》《匆匆》等。

朱自清大部分的青少年时光是在扬州度过的,二十岁时考入北京大学哲学系,在校期间受新思潮的鼓舞,曾参与 1919 年 5 月 4 日的爱国示威运动。他在三年间修完了四年的课程,于 1920 年提前毕业,入职杭州第一师范,在那里与俞平伯订交。随后的五年时间里,朱自清辗转于扬州、台州、温州、宁波等江浙各地的中学里教书。1925 年 6 月,特为"五卅惨案"创作《血歌》,这年秋季,清华大学增设国文系,朱自清经俞平伯推荐成为教授。任教一年半以后,1927 年初他将家眷由白马湖接至北京,正式定居于北方。这一年,国共第一次合作破裂,国民大革命的失败,白色恐怖笼罩着中国大地。7 月,朱自清写下《荷塘月色》一文。

《荷塘月色》全文一千三百余字,主要记叙了作者于月夜在清华园内的荷塘边漫步时的所见、所听、所感和所想。

朗诵指导

在整篇文章中,作者的情感都是淡淡的,荷塘月色的美景带来的喜悦和内心哀愁都是淡淡的,所以在诵读时要略带忧伤情怀,语调温柔平和,节奏舒缓平稳。从全文来看,前三个段落描写了作者的行踪变化:院子——路上——荷塘边,陈述性语句比较多,语调平和,第三段表明自己心情的语句,如"这一片天地好像是我的……到了另一个世界""一个人""什么都可以不想""什么都可以不理",声音可响亮一些,带舒朗、轻松感。

第四、五、六段直接描写荷塘的美景,是作者感情昂起、抒情最浓的三段,相比于前三段语调更为婉转,可适当有起伏。

第七段直至最后一段作者是在回家的路上,由荷塘月色美景转到生活中"我什么也没有",便不免思接千载,语气又趋于平缓。但在诵读引用《采莲赋》中描写采莲嬉戏的诗句时宜读得响亮、优美、有节奏感。

下面针对文中第四、五、六段作详细的朗读指导:

曲曲折折的荷塘上面⌒,弥望的\是田田的叶子。叶子出水很高,像亭亭的舞女的裙↗。层层的叶子中间⌒,零星地点缀着些白花,有袅娜地开着的↗,有羞涩地\打着朵儿的\；正如\一粒粒的明珠，又如\碧天里的星星↗，又如\刚出浴的\美人↘。微风过处，送来缕缕清香，仿佛远处高楼上\渺茫的歌声似的。这时候叶子与花也有一丝的颤动，像闪电般，霎时传过荷塘的那边去了。叶子本是肩并肩密密地挨着，这便宛然有了一道\凝碧的波痕。叶子底下\是脉脉的流水，遮住了，不能见一些颜色；而叶子\却\更见风致了。

月光\如流水一般，静静地泻在这一片叶子和花上。薄薄的青雾浮起在荷塘里。叶子和花仿佛在牛乳中洗过一样；又像笼着轻纱的梦。虽然是满月，天上却有一层淡淡的云，所以不能朗照；但我以为这恰是到了好处↗——酣眠固不可少，小睡\也别有风味的。月光\是隔了树照过来的，高处丛生的灌木，落下参差的斑驳的黑影，峭楞楞\如鬼一般；弯弯的杨柳的\稀疏的倩影，却又像是画在荷叶上。塘中的月色\并不均匀；但光与影有着和谐的旋律，如梵婀玲上奏着的名曲。

荷塘的四面，远远近近⌒，高高低低都是树，而杨柳最多。这些树将一片荷塘重重围住；只在小路一旁，漏着几段空隙，像是特为月光留下的。树色\一例是阴阴的，乍看像一团烟雾；但杨柳的丰姿，便在烟雾里也辨得出。树梢上\隐隐约约的\是一带远山，只有些大意罢了。树缝里也漏着一两点路灯光，没精打采的，是渴睡人的眼。这时候最热闹的⌒，要数树上的蝉声与水里的蛙声；但\\热闹\\是它们的，我什么也没有。

这三段用非常浓烈的笔法来写荷塘之美，用了非常多的比喻、拟人、通感手法。

第四段段首"曲曲折折"是说荷塘的总体形状，稍重读，读得慢些。"上面"是作者着力描写的部分，朗读时可强调。接着分别描写荷叶、荷花流水，文字描写非常优美，但是在朗读时注意感情的节制。诵读荷叶的句子读出它的高而美；诵读荷花的句子时，感情色彩可以加重些，连续的几个比喻句要读得灵活些，加以语调的变化，"袅娜""羞涩"一轻一重，"微风""一丝的""渺茫""脉脉"词语音轻读，适合语境。前面的句子均是静态描写，"微风过处"句起便是动态描写，也是抒情味最浓的句子，荷花的"清香"像"渺茫的歌声"，读出轻、柔、缓之感。微风带来的"颤动"是短暂的，读时语速不能过快，接后读下去时，渐渐趋于平缓。

第五段着力写月光笼罩之下荷塘周围的风景，这是一个朦胧的世界，整体语速要放慢，语调上要平和，"静静地""薄薄的""轻纱的""淡淡的"轻读，读出景物淡雅、朦胧、缥缈。"泻""浮""洗""笼"动词和"斑驳""稀疏"形容词宜作强调。"月光是隔了树照过来的……却又像是画在荷叶上"一句中用了七个"的"，注意词之间的停顿。"但我以为这恰是到了好处——酣眠固不可少，小睡也别有风味的"这句是作者心境的表白，"酣眠"和"小睡"语速放慢，可有一定的拖音。

第六段描写荷塘四周的景物，"远远近近""高高低低"重读，连接不作停顿，"杨柳最多""重重围住"作强调，突出四周灌木丛生，这一自然段要特别注意"这时候最热闹的……我什么也没有"这句话的诵读，"蝉声"和"蛙声"一句语调可高扬、明朗，"热闹"

"它们"与"什么""没有"形成语气上的对比，"我"稍作延长音，语调下降，语速减慢，感情应是淡淡的哀愁。作者在荷塘月色的美景中获得了心灵上暂时的安宁，但这份安宁在蝉声和蛙声的热闹中引发了新的失落与孤独。

知识链接

文章开篇便写到"这几天心里颇不宁静"，朱自清的心里为什么不宁静呢？

1927年1月，朱自清接妻子、儿女来北京，在途经上海时把两个孩子丢下，由朱自清母亲带往扬州老家，朱自清携妻子并一儿一女回北京。分别时，"他（指长子阿九）又曾和我们说，'暑假时一定来接我啊！'"但由于生活所迫，朱自清始终能接两个孩子来京。此时在荷塘月下正好是7月10日，正值暑假，"暑假时一定来接我啊！"阿九的话此时肯定萦绕在朱自清夫妇的耳边。接还是不接？如果去接身边的两个孩子，让朱自清夫妇感到身心俱疲，照料不过来了；不去接，朱自清作为一个丈夫和父亲，敏感的心灵让他无法不顾及妻子与孩子的内心："三年多还不能去接他们，可真把你惦记苦了。你并不常提，我却明白。你后来说你的病就是惦记出来的；那个自然也有份儿。""这兄妹俩离开我，原是常事；离开母亲，虽也有过一回，这回可是太长了；小小的心儿，知道是怎样忍耐那寂寞来着！"（《儿女》）

朱自清为什么不回去呢？作为一位父亲，不把孩子接回来，但是回去看一看总可以吧，我们需要梳理一下朱自清和家人的关系，尤其是和父亲的关系，借用一下孙邵振先生的研究成果：朱自清于1920年北大毕业以后，到杭州第一师范任教，月薪七十元。虽然已经寄给家里一半，但还是不能满足父母的要求。妻子儿女生活在家中，受着折磨。从《背影》中可知，1920年以后朱自清的家境，已经非常惨淡。由于贫穷，家庭失和，为了减少矛盾，节约开支，朱自清回到家乡任扬州八中的教务主任。由于庶母的挑拨，其父借着和校长的私交，朱自清的薪水，本人不得领取，被直接送到家里。迫于此，朱自清不得不接出妻儿，在杭州另组小家庭。1922年，朱自清带妻儿回扬州，打算与父母和解，结果不仅没有解决矛盾，反而增加了精神上的痛苦。作者给好友俞平伯的信中就写道："暑假在家中，和种种铁颜的事实接触之后，更觉颓废下去，于是便决定了我的刹那主义。"（所谓刹那主就是从生命每一刹那间中均获得意趣，使得每刹那均有价值）后来，朱自清的父亲考虑到孙子的教育问题，从朱自清处把两个孩子接回扬州。朱先生的生母与之同回去。但是，父子关系一直没有缓和。朱自清每月寄钱回家，往往得不到回信。在《背影》中提到："家中光景是一日不如一日，他触目伤怀，家庭，便往往触他之怒。他待我也渐渐不如往日。"暑假中（也就是写作《荷塘月色》的七月份），朱自清想回扬州，但是又怕难以和父亲和解，犹豫不定。所以心不宁静中也有对于父子关系的一份担心。

那我们再来看1927年，"四·一二"之后，国共两党的合作破裂，许多进步作家看清了蒋介石的反动面目，旗帜鲜明地站到了革命队伍里来，或者在政治态度上倾向共产党,这其中就包括朱自清的好友叶圣陶等人。身边朋友的做法使朱自清先生感觉"现在的思想界,我竟大大的隔膜了"(《那里走》)。虽然朱自清先生最终没有加入任何党派,但他也意识到"在旧时代正在崩坏,新局面尚未到来的时候,衰颓与骚动使得大家惶惶然……只有参加革命或反革命,才能解决这惶惶然"。(《那里走》)但究竟往哪里走呢? 他既反感国民党反动派的"反革命",又对共产党的"革命"心怀疑惧,所以就不能不陷入不知"哪里走"的"惶惶然"之中了。这是作者内心的一份不宁静。

究竟自己往哪里走?

作为无可选择中的选择,朱自清"只有暂时逃避的一法","做些自己爱做的事业;就是将来轮着灭亡,也总算有过称心的日子,不白活了一生"。这就是说,他试图躲到学术研究中,既是避难,又在与政治保持距离中维护知识分子的相对独立。在某种意义上,"荷塘月色"(宁静的大自然)的"梦"也正是朱自清的精神避难所。但对于五四启蒙精神哺育的这一代人,完全超然于时代是不可想象的。正如朱自清自己在《荷塘月色》中所说,"我爱热闹,也爱冷静;爱群居,也爱独处"。他尽管现在被动地选择了"冷静""独处"的学者生涯,但仍不能摆脱处于时代中心的"热"的"群居"生活的蛊惑。既神往于个人的自由世界,又为此感到不安与自责,这内在矛盾构成了朱自清内心"不平静"的另一个侧面。在《荷塘月色》里就外化为"荷塘月色"与"江南采莲图"两幅画图,在"冷"与"热"、"静"与"动"的强烈对比、相互颠覆中,写尽了这一代自由主义知识分子的内心矛盾与冲突。

第七课 雨 巷

课文导读

《雨巷》是戴望舒早期的成名作和代表作,诗歌发表后产生了较大影响,他也因此被人称为"雨巷诗人"。一场朦胧、缥缈的江南烟雨,一条悠长、寂寥的小巷,一把古色古香的油纸伞,一个如同丁香花一般美丽哀怨的姑娘,诗人通过雨巷、油纸伞、丁香等意象带我们走进了梅雨时节江南小巷充满凄清、哀怨和惆怅的情境,感受他那迷惘感伤又有期待的情怀。

课 文

雨巷

戴望舒

微课

撑着油纸伞,独自

彷徨①在悠长、悠长
又寂寥②的雨巷，
我希望逢着
一个丁香③一样的
结着愁怨的姑娘。

她是有
丁香一样的颜色，
丁香一样的芬芳，
丁香一样的忧愁，
在雨中哀怨，
哀怨又彷徨。

她彷徨在这寂寥的雨巷，
撑着油纸伞
像我一样，
像我一样地
默默彳亍④着，
冷漠、凄清，又惆怅。

她静默地走近，
走近，又投出
太息⑤一般的眼光，
她飘过
像梦一般的，
像梦一般的凄婉迷茫。

像梦中飘过
一枝丁香地，
我身旁飘过这女郎；

---

　　① 彷徨（páng huáng）：徘徊、走来走去、不知道往哪里走好。 ② 寂寥：寂静冷清。 ③ 丁香：中国古典诗歌的传统意象，美丽、高洁、忧郁、愁心的象征。我国古诗里有不少吟咏丁香的名句，如李商隐《代赠》中"芭蕉不展丁香结，同向春风各自愁"，杜甫《江头五咏丁香》中"丁香体柔弱，乱枝结犹垫"。 ④ 彳亍（chì chù）：指缓步慢行。彳：左步。亍：右步。 ⑤ 太息：大声叹气、深深地叹息。

她静默地远了、远了，
到了颓圮①的篱墙，
走尽这雨巷。

在雨的哀曲里，
消了她的颜色，
散了她的芬芳，
消散了，甚至她的
太息般的眼光，
丁香般的惆怅。

撑着油纸伞，独自
彷徨在悠长、悠长
又寂寥的雨巷，
我希望飘过
一个丁香一样的
结着愁怨的姑娘。

创作背景

戴望舒（1905—1950年），中国现代派象征主义诗人，他的《雨巷》是一首优美中充满哀怨的诗歌。这首诗写于1927年夏天。当时全国正处于白色恐怖之中，时年22岁的戴望舒因曾参加进步活动而不得不避居于松江的友人家中，在孤寂中咀嚼着大革命失败后的幻灭与痛苦，心中充满了迷惘的情绪和朦胧的希望。《雨巷》一诗就是他的这种心情的表现，其中交织着失望和希望、幻灭和追求的双重情调。这种情怀在当时是有一定的普遍性的。

朗诵指导

雨巷

戴望舒

撑着\油纸伞，独自
彷徨在\悠长、悠长
又\寂寥的\雨巷，

---

① 颓圮（tuí pǐ）：倒塌。

我希望\逢着⌒

一个\丁香一样的

结着愁怨的\姑娘

她是有

丁香一样的\颜色，

丁香一样的\芬芳↗，

丁香一样的\忧愁↘，

在雨中哀怨⌒，

哀怨\又彷徨↘

她彷徨在\这寂寥的雨巷，

撑着\油纸伞

像我一样，

像我一样地↗

默默\彳亍着，

冷漠、凄清，又惆怅↘

她静默地走近，

走近，又投出⌒

太息一般的\眼光，

她飘过

像梦一般地，

像梦一般地\↗凄婉迷茫

像梦中飘过

一枝丁香地，

我身旁\飘过这女郎；

她静默地远了、远了，

到了颓圮的篱墙⌒，

走尽\这\雨巷

在雨的哀曲里，

消了她的颜色，

散了她的芬芳，

消散了，甚至\她的

太息般的眼光，

丁香般的惆怅

撑着\油纸伞，独自⌒

彷徨在\悠长、悠长

又\寂寥的\雨巷，

我希望\飘过⌒

一个\丁香一样的

结着愁怨的\\姑娘

　　《雨巷》一诗共七小节，诗人将自己置身于一个狭窄、阴沉的雨巷之中，就是这样一位在雨巷中徘徊的孤独者，他希望逢着一位如同丁香一般美丽、忧愁、愁怨的姑娘，这位丁香一样的姑娘实际上代表着诗人追求的理想。诗歌中大量的排比句和一些反复出现的词语，增加了它的音乐感，形成了回环往复的韵律感。诗歌整体节奏变化不大，在诵读时，语速较缓，声音较为低沉，语势多为下降，句尾的词语适宜诵读为延长音，且情感沉重。整体旋律和情感是舒缓、低沉，忧郁哀怨而又优美。

　　诗歌的第一小节诗人便给读者描绘了一幅梅雨时节江南小巷的阴沉画面，诗人是雨巷中徘徊的独行者，"撑着"为句首词，此处宜作一个短暂的停顿处理，"独自""徘徊""悠长""寂寥""愁怨"略微重读，可处理为延长音，营造充满凄清、哀怨而又优美的情境。"我希望逢着"是诗人虽处在黑暗的沉沦之中却仍有朦胧希望的论证，"希望逢着"重读，在诵读的时候宜用饱含深情、充满希望的语气。

　　第二小节具体描绘了诗人想象中"姑娘"的形象，诵读时"她是有"语速较慢，语气上充满想象。后三句结构句式是一样的，在停顿、重音的处理上可保持一致，"丁香""颜色""芬芳""忧愁"作重音处理，在语调上，第一句平缓，第二句上扬，第三句下降。两个"哀怨"在诵读时连接不断，诵读后适当停顿。句尾词"彷徨"作重音处理，诵读时稍微延长。

　　诗歌中写的雨巷本来只有诗人一人，而"丁香姑娘"的出现，就让雨巷有两人行走其中，这位"丁香姑娘"的步态、情绪甚至是油纸伞都与诗人一样，第三小节重点突出"丁香姑娘"与我心灵相通。诵读时"她彷徨在"作一个短暂的停顿，"寂寥"重读，突出她与"我"处境相同，再重读"撑着"。中间两个"像我一样"，后一个要比前一个读得重，"冷漠、凄清，又惆怅"一词一顿，"惆怅"适当用延长音送出，读出迷茫的语气。

第四小节，在"我"的期盼中，"丁香姑娘"终于走近，可她并没有向诗人打招呼，而只是向诗人透出了一道叹息的目光，然后像梦一样地不着痕迹地飘过去了，朦胧而又不可捕捉。"太息""梦""飘过"这些体现她朦胧而又不可捕捉的词重读，"太息"读时带着叹气的语调，中间两个"像梦一般地"，后一个要比前一个读得轻，而且语调稍微上扬。句尾的"凄婉""迷茫"重读，声音拉长，强化那种朦胧的意境。

第五节传达了诗人对"丁香姑娘"飘忽而去的失望之情。前三句"丁香姑娘"由远及近，诵读时声音可逐渐变大、变高；后三句"丁香姑娘"由近变远，声音逐渐变小、变低，通过声音营造出空间的转化。她"飘过"诗人的梦境，又"静默"地到了"篱墙""走尽"雨巷，这几个充分刻画出"丁香姑娘"缥缈、虚幻的词宜作重音处理。诗人目送"丁香姑娘"在雨巷中渐行渐远，恋恋不舍却又无可奈何，所以在诵读时"远了、远了""雨巷"轻读，声音适当延长。本节中"丁香姑娘"逐渐离去，也是诗人理想的破灭，诗人的情感比较消沉，诵读时，气息下沉，读出凄婉、哀伤的语气。

在第六小节中，我们可以想象，诗人一个人伫立在雨巷中，与"丁香姑娘"相逢的美好就这样离去，她的"颜色""芬芳""眼光""惆怅"纷纷消失，这几词宜重读，突出诗人的惆怅与幻灭之感，句尾这个既是描写丁香姑娘特点又能表现诗人情感的"惆怅"重读，用延长音处理。

第七小节与第一小节几乎相同，只是将"逢着"改成了"飘过"，首尾呼应，形成回环往复的音乐美。诵读处理可与第一小节相同，但在情感上可作一些变化，"希望飘过"除了重读之外，更突出强烈的希冀之感，结尾的"姑娘"收尾慢读，以增加回味绵长之感。

知识链接

链接一

狱中题壁
戴望舒

如果我死在这里，
朋友啊，不要悲伤，
我会永远地生存
在你们的心上。

你们之中的一个死了，
在日本占领地的牢里，
他怀着的深深仇恨，
你们应该永远地记忆。
当你们回来，
从泥土掘起他伤损的肢体，

用你们胜利的欢呼
把他的灵魂高高扬起。

然后把他的白骨放在山峰，
曝着太阳，沐着飘风：
在那暗黑潮湿的土牢，
这曾是他唯一的美梦。

一九四二年四月二十七日

　　1941年底，戴望舒因宣传革命遭到日本逮捕入狱，这首《狱中题壁》就是这期间所写，相比于早期的《雨巷》，这首诗歌没有回环往复的章节，韵律和辞藻也相对简单，只是用简朴的语言表达对日本帝国主义的仇恨，对祖国的热爱和对自由的向往，诗歌抒情直接，与《雨巷》中使用大量意象，以象征手法来隐晦曲折地表达情感的抒情方式有根本上的不同。

链接二：古诗中的丁香

代　赠

[唐] 李商隐

楼上黄昏欲望休，玉梯横绝月如钩。
芭蕉不展丁香结，同向春风各自愁。

江头五咏·丁香

[唐] 杜甫

丁香体柔弱，乱结枝犹垫。
细叶带浮毛，疏花披素艳。
深栽小斋后，庶近幽人占。
晚堕兰麝中，休怀粉身念。

点绛唇·素香丁香

[宋] 王十朋

落木萧萧，琉璃叶下琼葩吐。素香柔树，雅称幽人趣。
无意争先，梅蕊休相妒。含春雨。结愁千绪，似忆江南主。

第五单元　写作

第一课　现代诗写作

中国是一个诗的国度。从中国现存最早的诗歌总集《诗经》开始,诗歌贯穿了几千年的历史。然而,作为诗性民族的一员,我们大多数学生却敬而远之。对诗歌,特别是现代诗歌,不少同学只有一个模糊的概念,还有一些同学对诗歌充满向往,却不知道如何提笔。究竟什么是诗? 我们应该如何写诗? 在这里,给大家简要介绍现代诗歌的写作技法,希望能够带大家走近现代诗,开启现代诗歌的大门。

一、现代诗是什么?

现代诗是什么? 相对于古代律诗来说,现代诗不会受到严格格律的限制,也没有固定的格式,语言也比较通俗。严羽的《沧浪诗话》云:"诗者,吟咏性情也。"①那么,是不是只要用言语将自己的所思所想写出来,拆开分行就是诗呢? 2020 年 7 月,曾有新闻报道 16 岁"神童少女"岑某自称"一天作诗两千首"引起网友热议。后其父坦陈:"所谓创作,实际上比的是打字速度。"很明显,有部分人对现代诗的理解进入了一个误区,"口水诗"并不是诗。

学写现代诗歌,首先要明确地理解现代诗歌的定义。现代诗人何其芳曾说:"诗是一种最集中地反映社会生活的文学样式,它包含着丰富的想象和感情,常常以直接抒情的方式来表现,而且在精炼与和谐的程度上,特别是在节奏的鲜明上,它的语言有别于散文的语言。"从这句话看,诗歌和说话有很大的不同。首先,诗是反映社会生活的,但不等同于社会生活,它是社会生活的高度凝练;其次,诗歌是感性的,诗歌内容具有充沛的情感和丰富的想象;再次,诗歌讲究锤字炼句,语言是具有审美价值的;最后,诗歌是有节奏和韵律的。简单来讲,诗歌在内容、语言和形式上独具特色。

下面,我们以具体的诗歌作品《神女峰》,来领略诗歌的魅力。

在向你挥舞的各色花帕中
是谁的手突然收回

---

① 严羽:《沧浪诗话》,中华书局 2014 年版,第 1 页。

紧紧捂住了自己的眼睛

当人们四散离去,谁

还站在船尾

衣裙漫飞,如翻涌不息的云

江涛

高一声

低一声

美丽的梦留下美丽的忧伤

人间天上,代代相传

但是,心

真能变成石头吗

为眺望远天的杳鹤

错过无数次春江月明

沿着江岸

金光菊和女贞子的洪流

正煽动新的背叛

与其在悬崖上展览千年

不如在爱人肩头痛哭一晚

1981 年 6 月于长江(舒婷《神女峰》)

这首诗源于诗人舒婷在游历三峡时经过神女峰的感受。所谓"源于生活,而高于生活",如果舒婷没有真王到过当地,没有一定的阅历和思考,那就像是"无源之水,无本之木",她写不出这样动人的诗句。因此,我们在进行创作时,一定要从自己的生活出发,不要一味地追求"高大上"的主题,这样写出来的作品容易像"空中楼阁",过于空泛。

从技巧上看,最需要抓住的是选择恰当的意象。这首诗最鲜明的意象就是主角"神女峰"。它源自宋玉的《高唐赋》,巫山神农因苦苦等待楚王而在郁郁相思中化为山峰。对此,舒婷振聋发聩地发问:"但是,心,这能变成石头吗?"一针见血地点明了被封建妇德桎梏的女性的悲哀。"为眺望远天的杳鹤,错过无数次春江月明"一句,她用"远处的杳鹤"这一意象代表无望的等待,用"春江月明"代表现世的幸福。要为男性恪守贞洁,不能享受现世的快乐,这是男权社会给女性强加的一道思想枷锁。最后,以"与其在悬崖上展览千年,不如在爱人肩头痛哭一晚"结尾,表明自己的态度,提出女性不应该被物化成没有个人感情意志的贞节牌坊,她们的感情和生命体验也应当得到尊重。舒婷借助这一意象,表达了她追求人性的回归,呼吁女性重新定义自身价值的思想主题。也就是说,她通过"神女峰"具有特殊含义的意象,表达女性意识的主题,达到了"立象以尽意"的目的。

现代诗歌是自由多样的。想要真正地理解现代诗歌,仍需我们在长期的阅读和创作中体会。

二、怎样写诗?

作为初学者,我们应该如何走出诗歌创作的第一步呢? 这里,我们有几个小技巧。

(一)诗歌的立意

清代哲学家王夫之说:"无论诗歌或长行文字,俱以意为主。意犹帅也。无帅之兵,谓之乌合。"①也就是说,立意是诗歌创作的统帅。在写诗之前,首先要考虑的不是诗歌的语言、韵律等,而是要清楚自己准备写哪个方向,确定诗歌的主题。比如,你想写爱情诗,那你就要把生活当中和爱情相关的灵感片段收集起来,从中选择一些你自己满意的意象,再根据自己情感宣泄的方向把它们串联起来,这就构成了一首诗的大致脉络。

(二)诗歌意象的选取

诗歌与其他文种不同,它最大的特点是通过优美的语言抒发个人情感。诗歌创作的首要任务在于找到恰当的情感的载体——意象。如果把诗歌创作比作搭盖房子,意象是脚手架和砖头,而情感就是那个金碧辉煌的屋顶。只有意象鲜明充实了,情感的抒发才能水到渠成。如果没有意象做基础,情感的宣泄就像是一场毫无道理的空喊,令人生厌。创作诗歌的第一步,就是捕捉诗歌意象,寻找诗歌灵感。那么,如何"取象"呢? 在古代,有三种比较常见的形式,即借景抒情、缘事抒情和托物言志。"景""事""物"都是"象"。有了"象",情感就有了通达的渠道。

首先,"象"源于联想。用甲物(本体)象征乙物(喻体),两个事物之间可以有客观的必然的相似点,也可以是诗人的夸张、错位的联想。当然,选择意象时如果能够追求新意不落窠臼,自然要比陈词滥调更有韵味、更显个性的美感。我们选择几首现代诗来分析它们选取的意象:

总得叫大车装个够,
它横竖不说一句话,
背上的压力往肉里扣,
它把头沉重地垂下!
这刻不知道下刻的命,
它有泪只往心里咽,
眼里飘来一道鞭影,
它抬起头望望前面。

一九三二年四月(臧克家《老马》)

这首诗在意象的选择上,臧克家无疑是成功的。他找到了"老马"和广大穷苦农民境遇的相似之处。老马面对不可知的命运低下了沉重的头,消磨掉了所有的锐气。这

---

① 王夫之:《姜斋诗话笺注》,上海古籍出版社 2012 年版,第 15 页。

不正象征着穷苦的农民默默忍受着阶级的压迫，毫无反抗之力吗？当老马的境遇被诗人以艺术的角度描绘出来，也就成了千万相似悲剧性命运的人们的情感载体。多少人在老马这一形象上找到了自己的身影，激起了情感的共鸣。

即使两种事物毫无相似之处，但只要我们在创作上处理得当，奇思妙想反而能够出奇制胜。比如：在《死水》中，闻一多用"一沟绝望的死水"比喻肮脏、腐败、凝滞的旧中国；在《致橡树》中，舒婷用"橡树"和"木棉"的爱情比喻她推崇的男性和女性之间平等的爱情。这两首诗歌都以天马行空的意象取胜，让人眼前一亮。最为拍案叫绝的是北岛的一字诗《生活》，仅一字："网"。把"生活"用一个"网"字概括，给了读者一个想象的支点。与读者自身的个人经历和个性思想相关，不同的人可以从这一个"网"字中读出不同的理解。

其次，"象"源于生活。生活是有质感的，唯有以生活为源头活水，诗歌才能有血有肉。意象发掘的唯一途径，就是注意观察和总结生活，只要有一双发现美的眼睛，生活中事事皆可入诗。在这里，我们举最近炙手可热的诗人余秀华的一首诗歌《我爱你》节选为例：

> 如果给你寄一本书，我不会寄给你诗歌
> 我要给你一本关于植物，关于庄稼的
> 告诉你稻子和稗子的区别
> 告诉你一棵稗子
> 提心吊胆的春天

作为一个行动不便的脑瘫患者，余秀华生活的区域就只有农村周边的一小块闭塞的天地，但这并不妨碍她写诗。在这首诗里，她选择了农田里的稗子做关键意象。只有庄稼人才知道，稗子是农田里的杂草，长得和稻子很相似。因为它会影响农作物的生长，所以是要被农民除掉的。她拿稗子做比，是想告诉对方，我爱你的心情就像等待春天的稗子一样，既充满期待，又满怀忐忑。她不能遏止最原始最纯粹的心动，但她又清晰地明白现实，这是一场没有结果的单向奔赴，就像稗子的宿命。这样充满生活意味的意象，造就了真诚朴实的好作品。

（三）诗歌的表现手法

在我们有了确定的意象之后，我们需要用新奇精美的语言来传达意象。这时我们就需要在诗歌的表现手法上下功夫。诗歌的表现手法就是写作手法，就是诗歌的语句组织方式。从修辞上讲，最常用的有比喻、拟人、夸张、排比、顶真、互文、通感、移就等，表达方式有记叙、描写、抒情、议论等，表现手法有渲染烘托、想象联想、抑扬变化等。在这里，我们选择诗歌当中经常使用且操作性比较强的方式来说一说。

1. 渲染烘托

先烘托氛围，营造一种新的境界，最后再点明主题。比如顾城的诗《门前》节选：

> 草在结它的种子

风在摇它的叶子
我们站着，不说话
就十分美好

这首诗中，顾城把场景框定在"门前"这个我们近边的地域，把"希望"放在短暂的"早晨"。在这段短短的时间里，两种几乎是静止的运动，他描写得如此仔细，如此有滋有味，展现了他对生活中偶尔呈现的短暂"美好"的珍视。素描式的场景描写，水到渠成地达到了"就十分美好"的境界。如果没有前面的铺垫，后面的这句情感的上升就显得非常突兀、不自然。

2. 句法多变

汉语是一种语法比较自由的语言。如果我们可以在诗歌句式的改变、词语的超常搭配和词性转变上略施小计，诗歌语言偏离常规，实现语言的陌生化，就可以达到让读者耳目一新的效果。

比如词语的超常搭配。词语的超常搭配指打破常规的语言组合规律，通过变异的特殊搭配，产生奇特的表达效果。词语的超常搭配有很多，常见的有量词和中心语的超常搭配，动宾、主谓之间的超常搭配等。我们以舒婷的诗《岛的梦》节选为例：

一口沉闷的大钟
撕裂着纹丝不动的黄昏

大钟撕裂黄昏，显然是不切实际的。但舒婷运用"通感"的艺术手法，实现了从视觉到听觉的转换，让我们感觉到"黄昏"就像是一张硕大的鼓一般，敲起来沉闷、凝滞，给人以奇妙的审美体验。这样的超常搭配在现代诗中非常多，比如"皱纹/在额头上掀起苦闷的波浪"（江河《从这里开始（组诗）》），这些主谓搭配在其他文体里是不允许出现的病句，但在诗歌里不仅是包容的，还激活了语言的张力。除了主谓超常搭配，其他的例子也有很多。比如量词和中心语的搭配："在赤日炎炎的夏天，注一潭诱人的清凉"（黄河浪《故乡的榕树》），还有动宾超常搭配："从星星般的弹孔中/流出了血红的黎明"（北岛《宣言》）。

句法多变也是诗人经常采用的手法。拿大家都熟悉的徐志摩的《再别康桥》来说，第一句"轻轻地/我走了/正如我轻轻地来"就是倒装语序，它改变了正常的语句形态，给人以陌生化的感受，鲜明地表达了诗人当时内心的情感。

3. 锤字炼句

我们都熟悉贾岛斟酌整晚把"僧推月下门"改为"僧敲月下门"的历史小故事，实际上这样的"推敲"在现代诗歌的创作中也是常事。优美、确切的词可以使诗歌熠熠生辉。我们在写完诗之后，可以把诗歌反复多读几遍，或与诗友讨论，仔细推究关键字是否运用精准。我们再举一个例子：

原句：

眼看朋辈成新鬼，
怒向刀边觅小诗。

改句：

> 忍看朋辈成新鬼，
> 怒向刀丛觅小诗。

（鲁迅《无题》节选）

鲁迅把"眼"改成"忍"字，写出了被压抑的满腔愤恨，把"边"改为"丛"，比喻知识分子面临的刀山火海，相对于原句来说，强化了白色恐怖的严峻程度。从语言表现上讲，改句精彩了不少。

4. 升华情感

现代诗歌的写作中大多使用这种情感升华的手法，一般在篇末用一两句诗句直抒胸臆，起到点明情思和强化主题的效果，大有散文"卒章显志"的意思。它的好处在于以直白的方式抒发情感，不会使诗歌过于晦涩难懂。比如我们之前提到过的冰心的《纸船——寄母亲》。

诗人在诗歌结尾将一个离家远走的游子对母亲的深切思念借纸船表达出来，是全诗的高潮所在，使情感得到了升华，"思亲"主题自然而然地呈现。

当然，除了在诗句结尾点明情思，我们还可以在诗歌中间穿插多次重复和呼号，渐趋推进情感的高潮。试看舒婷的《祖国啊，我亲爱的祖国》：

> ……
> 我是干瘪的稻穗，是失修的路基；
> 是淤滩上的驳船
> 把纤绳深深
> 勒进你的肩膊，
> ——祖国啊！
> ……
> 是"飞天"袖间
> 千百年未落到地面的花朵，
> ——祖国啊！
> ……
> 我是新刷出的雪白的起跑线；
> 是绯红的黎明
> 正在喷薄；
> ——祖国啊！
> ……
> 那就从我的血肉之躯上
> 去取得
> 你的富饶、你的荣光、你的自由；
> ——祖国啊，
> 我亲爱的祖国！

在这首诗中,诗人多次以呼号的方式高呼"祖国啊,我亲爱的祖国"。呼号把全诗分为四章,自然地显示出诗歌的思想和情感层次,就像是一曲多声部的交响乐。感情基调从低沉缓慢到昂扬向上,从贫穷落后的哀叹,到悲哀中生发希望的感慨,到看到祖国新生的欢欣,最后到真挚的讴歌,四个"祖国啊"直接抒情,成了这首诗的点睛之笔。

(四)诗歌的韵律选择

早期的诗歌都是用来唱的,比如《诗经》。现代诗歌虽然不像古诗一样对韵律有比较高的要求,毕竟是诗歌,诗歌的音乐性是它的内在属性。我们可以用平仄、节奏和押韵来实现诗歌的韵律之美。

1. 节奏

诗歌的节奏是由诗歌的内容和情感决定的。诗歌的节奏在视觉上的呈现就是断行和跨行。断行指的是语义连贯的诗句根据诗人的想法人为地断开。跨行指将语义连贯的诗句根据韵脚或者节奏分成两行或者两行以上。以戴望舒的《雨巷》节选为例:

> 撑着油纸伞,独自
> 彷徨在悠长,悠长
> 又寂寥的雨巷,
> 我希望逢着
> 一个丁香一样地
> 结着愁怨的姑娘。

以上的节选片段,自然句应为:"撑着油纸伞,独自徘徊在悠长、悠长又寂寥的雨巷,我希望逢着一个丁香一样地结着愁怨的姑娘。"诗人根据押韵(押 ang 韵)把这个长句子拆开分行,配合诗歌的情感节奏和韵律起伏,应和诗人奔腾的情感。同时,断行和跨行使得诗歌呈现出长短不一、错落有致的句子形式,在视觉上呈现出建筑美。

2. 选韵

诗歌当中的韵,一般都在句子的末尾,称作韵脚。韵母相同或者韵母的大部分相同,就是同韵字。中华诗词学会以普通话读音为依据,把汉语拼音的 35 个韵母分为 16 个韵部①,制成了《中华通韵》,由国家语委审定通过。具体如下:

(1)麻 a,ia,ua

(2)喔 o,uo

(3)鹅 e,ie,üe

(4)衣 i,—i

(5)乌 u

(6)迂 ü

---

① 国家语委语言文字工作委员会:《中华通韵》,2019,11.

(7) 哀 ai，uai

(8) 欸 ei，ui（uei）

(9) 熬 ao，iao

(10) 欧 ou，iu（iou）

(11) 安 an，ian，uan，üan

(12) 恩 en，in，un（uen），ün

(13) 昂 ang，iang，uang

(14) 英 eng，ing，ueng

(15) 雍 ong，iong

(16) 儿（零声母）er

同一韵部的字是可以押韵的。但是我们要注意，在选择韵部时，需要考虑诗歌的内容。每个韵部的发音部位和开口度不同，音域自然也不一样。开口度大的字响度高，适合情绪高昂、亢奋的诗歌内容，如"麻"部、"熬"部、"安"部等。有的开口度小，响度低，适合阴郁、苦闷、惆怅的诗歌内容，如"衣"部、"乌"部、"英"部等。我们要学会因情选韵，因情变韵。如果是短诗，可以一韵到底；如果是长诗，可以用转韵来表现情绪流动和变化。不过大家要注意，不能为押韵而押韵，以免破坏了诗歌的内容，冲淡了诗歌的节奏。在现代诗中，节奏更为重要，它是一首诗的血脉和神经。

（五）诗歌的书写格式

我们当然可以采取最常规的线性书写格式，将文字按先后顺序一字排开。但诗歌是有建筑美的，意味着它在书写上可以突破常规，构成书写上的形式美。对于学有余力的同学来说，可以在这个方面下功夫，但切不可为了迁就诗歌的形式影响诗歌内容和情感的表达。这里给大家展示几首书写格式上有特色的诗歌。

1. 宝塔形

兵

成城

大将军

威风凌凌

处处有精神

挺胸肚开步行

说什么自由平等

哨官营官是我本分

——鲁迅《鲁迅旧诗浅说》

2. 特殊型

一
尊
巨
大
的
磨
刀
石
砥砺着
民族意志

——周振中《人民英雄纪念碑》

总的来说,作为初学者,我们可以从诗歌立意、诗歌意象、表现手法和韵律节奏等环节入手,完成诗歌的创作。只要把握生活百态,把真正的感情融入诗歌创作当中,我们就能写出优秀的诗歌作品。

第二课 散文写作

一、什么是散文?

散文有广义和狭义两种概念。广义的散文,在古代指的是一切不押韵的文章,即韵文以外的一切记叙性和议论性的文体。在现代,广义的散文包括了除去诗歌、小说、戏剧、影视文学之外的一切叙事性、议论性、抒情性的文体,这样就有了抒情散文、叙事散文和议论散文等分类。

狭义的散文专指抒情散文。这是因为随着文体的发展,叙事散文中的通讯特写、传记文学、报告文学等,已经发展成为独立的文体,各成一类;议论散文则有了专门的名称——杂文,也从散文中分了出来,剩下的只有抒情散文,这就是狭义的散文。

这里要讲的主要是抒情散文,也涉及叙事散文和其他类型的散文。习作者可以根据自己的人生阅历、文化素养和爱好,或写作抒情散文,或作叙事散文,或写文化散文,或写游历散文,或作其他类型的散文。

二、散文的特点

(一) 形散而神不散

"形散"主要是说散文取材十分广泛自由,不受时间和空间的限制;表现手法不拘一格：可以叙述事件的发展，可以描写人物形象，可以托物抒情，可以发表议论，而且作者可以根据内容需要自由调整、随意变化。"神不散"主要是从散文的立意方面说的，即散文要表达的主题必须明确而集中，无论散文的内容多么广泛，表现手法多么灵活，无不为更好地表达主题服务。

如朱自清的《荷塘月色》，文章主要内容写的是作者因心里颇不宁静独自一人在夜晚的荷塘边，欣赏月光之下的荷塘，但中间却穿插了其他的材料：一个人走在幽僻曲折的小煤屑路、想起采莲的事情因而写到梁元帝的《采莲赋》和乐府民歌《西洲曲》、返回家中推门而入妻儿已熟睡好久，看似取材散乱，但这些材料都是为后文做铺垫，始终与主题相扣，不脱离"忧愁"二字。

（二）意境深邃

散文的意境是意和境的统一，是作者的主观感情、意志与自然环境和社会环境的统一，作者通过想象与联想，托物言志、融情于景，抒情性强、情感真挚。如朱自清的《荷塘月色》全篇着力于表达自己淡淡的喜悦和淡淡的哀愁，通过描绘使小路、荷塘、荷花、流水、月色、树影、灯光……可见可感，而叶香、蛙鸣、蝉声，又可闻可听。加上心情的抒写，巧妙的比喻，营造出一种淡雅、娴静的意境。

（三）语言优美凝练，富于文采

散文的语言优美、凝练，充满诗意，富有美感。"真正的散文是充满诗意的，就像苹果饱含着果汁一样。"（巴乌斯托夫斯基《散文的诗意》）。如朱自清《春》的一段描写：

桃树，杏树，梨树，你不让我，我不让你，都开满了花赶趟儿。红的像火，粉的像霞，白的像雪。花里带着甜味；闭了眼，树上仿佛已经满是桃儿，杏儿，梨儿。花下成千成百的蜜蜂嗡嗡地闹着，大小的蝴蝶飞来飞去。野花遍地是：杂样儿，有名字的，没名字的，散在草丛里像眼睛像星星，还眨呀眨。

春天万物在朱自清的笔下富有感情，连用多个奇妙的比喻，增强语言的情味，诗情与景物和谐地交融，使散文的语言具有了浓郁的诗歌抒情色彩。

三、散文写作要点

（一）写自得之见

"自得之见"就是写作者亲身经历的真实事件，强调散文写作的真实性。只有记录客观真实的事件，表达内心真诚的想法，才能引起读者的共鸣。如杨绛《老王》中对老王的刻画：

老王只有一只眼，另一只是"田螺眼"，瞎的。乘客不愿坐他的车，怕他看不清，撞了什么。有人说，这老光棍大约年轻时不老实，害了什么恶病，瞎掉了一只眼。他那只好眼也有病，天黑了就看不见。有一次，他撞在电杆上，撞得半面肿胀，又青又紫。那时候我们在干校，我女儿说他是夜盲症，给他吃了大瓶的鱼肝油，晚上就看得见了。他也许是从小营养不良而瞎了一眼，也许是得了恶病，反正同是不幸，而后者该是更深的不幸。

杨绛在这段对老王外貌的描写中，丝毫看不到刻意的组织和修饰的辞藻，却能让读者实实在在感受到一个不幸的三轮车夫形象，但就是这样一个不幸的人愿意给作者家送冰块，车费减半；送钱先生看病，不要钱，拿了钱还担心人家看病钱不够；去世前一天还硬撑着上门送了香油、鸡蛋。作者将自己所见所感写了出来，让无数的读者热泪盈眶。

(二) 抒自然之情

不论是记人记事还是写景状物类散文，只有作者在切身感受的基础上经过提炼凝聚而抒于笔下，方可实现抒自然之情。散文中真情的载体可通过故事片段或细节来传达，如胡适《我的母亲》一文中，记录了与母亲共同生活九年的生活片段，其中一个片段：

有一个初秋的傍晚，我吃了晚饭，在门口玩，身上只穿着一件单背心。这时候我母亲的妹子玉英姨母在我家住，她怕我冷了，拿了一件小衫出来叫我穿上。我不肯穿，她说："穿上吧，凉了。"我随口回答："娘（凉）什么！老子都不老子呀。"我刚说了这句话，一抬头，看见母亲从家里走出，我赶快把小衫穿上。但她已听见这句轻薄的话了。晚上人静后，她罚我跪下，重重的责罚了一顿。她说："你没了老子，是多么得意的事！好用来说嘴！"她气得坐着发抖，也不许我上床去睡。我跪着哭，用手擦眼泪，不知擦进了什么微菌，后来足足害了一年多的眼翳病。医来医去，总医不好。我母亲心里又悔又急，听说眼翳可以用舌头舔去，有一夜她把我叫醒，她真用舌头舔我的病眼。这是我的严师，我的慈母。

胡适的母亲23岁做了寡妇，一人担起慈母和严父两个角色——既要把母爱倾注给孩子，使他们感受到家的温馨，又要严格管教孩子，让他们学会做人。这些回忆都深刻地留在胡适的记忆中，这段文字倾注了作者的真实情感，写出来的文章自然感人至深。

(三) 用自由之笔

散文的"自由"表现在多个方面，首先表现在题材的广泛性、手法的多样性和风格的多样化。其次从散文的手法来看，虽然有抒情散文、叙事散文和议论散文的区分，但这种划分只具有相对的意义。事实上，抒情散文离不开叙述和议论，叙事散文也需要夹叙夹议，议论散文更要依靠叙述和抒情来增加文学色彩。最后从结构上看，散文追求形散而神不散，以情随文，随物赋形。

如朱自清和俞平伯同行秦淮河写的同题散文《桨声灯影里的秦淮河》，两篇散文取材于同一时间、同一地点,两篇散文的风格却截然不同。朱自清的散文非常注重写景抒情,讲究意境;而俞平伯的《桨声灯影里的秦淮河》虽也是写景,但他的景零碎、残缺,更多的笔墨用于表现朦胧的感受,使文章带上了浓郁的哲理意味。

(四) 显自在之趣

"趣"是指能使人产生愉快的感受,散文的"趣"则是能让读者在阅读散文的过程中精神上产生审美的愉悦。散文的"趣"可有理趣、童趣、雅趣等。

如贾平凹的《丑石》:"我感到自己的可耻,也感到了丑石的伟大;我甚至怨恨它这么多年竟会默默地忍受着这一切,而我又立即深深地感到它那种不屈于误解的寂寞的生存的伟大。"通过阐述了丑石虽丑却以其内在的价值而得到世人认可的哲理。

如巴金《繁星》一文:"我望着那许多认识的星,我仿佛看见它们在对我霎眼,我仿佛听见它们在小声说话。这时我忘记了一切。在星的怀抱中我微笑着,我沉睡着。我觉得自己是一个小孩子,现在睡在母亲的怀里了。"用隽永清丽的语言,写自己成年之后与天空中繁星相对,进而想到母亲的怀抱,读着这样充满童心与童趣的文字,感到很亲切,很自然。

雅趣的散文往往是温文尔雅、情趣高雅的,在平淡中充溢着真性情,不以低俗、庸俗来博人眼球。

四、美文欣赏

我怎样写散文

季羡林

我从小就喜欢舞笔弄墨。我写这种叫做散文的东西,已经有50年了。虽然写的东西非常少,水平也不高,但是对其中的酸、甜、苦、辣,我却有不少的感性认识。在生活平静的情况下,常常是一年半载写不出一篇东西来。原因是很明显的。天天上班、下班、开会、学习、上课、会客,从家里到办公室,从办公室到课堂,又从课堂回家,用句通俗又形象的话来说,就是:三点一线。这种点和线都平淡无味,没有刺激,没有激动,没有巨大的变化,没有新鲜的印象,这里用得上一个已经批判过的词儿:没有灵感。没有灵感,就没有写什么东西的迫切的愿望。在这样的时候,我什么东西也写不出,什么东西也不想写。否则,如果勉强动笔,则写出的东西必然是味同嚼蜡,满篇八股,流传出去,一害自己,二害别人。自古以来,应制和赋得的东西好的很少,其原因就在这里。宋代伟大的词人辛稼轩写过一首词牌叫做"丑奴儿"的词:

少年不识愁滋味,爱上层楼,爱上层楼,为赋新词强说愁。而今识尽愁滋味,欲说还休,欲说还休,却道天凉好个秋。

要勉强说愁,则感情是虚伪的,空洞的,写出的东西,连自己都不能感动,如何能感动别人呢?

我的意思就是说,千万不要勉强写东西,不要无病呻吟。

即使是有病呻吟吧，也不要一有病就立刻呻吟，呻吟也要有技巧。如果放开嗓子粗声嚎叫，那就毫无作用。还要细致地观察，深切地体会，反反复复，简练揣摩。要细致观察一切人，观察一切事物，深入体会一切。在我们这个林林总总的花花世界上，遍地潜伏着蓬勃的生命，随处活动着熙攘的人群。你只要留心，冷眼旁观，一定就会有收获。一个老妇人布满皱纹的脸上的微笑，一个婴儿的鲜苹果似的双颊上的红霞，一个农民长满了老茧的手，一个工人工作服上斑斑点点的油渍，一个学生琅琅的读书声，一个教师住房窗口深夜流出来的灯光，这些都是常见的现象，但是倘一深入体会，不是也能体会出许多动人的涵义吗？你必须把这些常见的、习以为常的、平凡的现象，涵润在心中，融会贯通。仿佛一个酿蜜的蜂子，酝酿再酝酿，直到酝酿成熟，使情景交融，浑然一体，在自己心中形成了一幅"成竹"，然后动笔，把成竹画了下来。这样写成的文章，怎么能不感动人呢？

我的意思就是说，要细致观察，反复酝酿，然后才下笔。

创作的激情有了，简练揣摩的工夫也下过了，那么怎样下笔呢？写一篇散文，不同于写一篇政论文章。政论文章需要逻辑性，不能持之无故，言之不成理。散文也要有逻辑性，但仅仅这个还不够，它还要有艺术性。古人说："言之无文，行之不远。"又说："不学诗，无以言。"写散文决不能平铺直叙，像记一篇流水账，枯燥单调。枯燥单调是艺术的大敌，更是散文的大敌。首先要注意选词造句。世界语言都各有其特点，中国的汉文的特点更是特别显著。汉文的词类不那么固定，于是诗人就大有用武之地。相传宋代大散文家王安石写一首诗，中间有一句，原来写的是"春风又到江南岸"，他觉得不好；改为"春风又过江南岸"，他仍然觉得不好；改了几次，最后改为"春风又绿江南岸"，自己满意了，读者也都满意，成为名句。"绿"本来是形容词，这里却改为动词。一字之改，全句生动。这种例子中国还多得很。又如有名的"鸟宿池边树，僧敲月下门"，原来是"僧推月下门"，"推"字太低沉，不响亮，一改为"敲"，全句立刻活了起来。中国语言里常说"推敲"就由此而来。再如咏早梅的诗："昨夜风雪里，前村数枝开"，把"数"字改为"一"字，"早"立刻就突出了出来。中国旧诗人很大一部分精力，就用在炼字上。我想，其他国家的诗人也在不同的程度上致力于此。散文作家，不仅仅限于造词遣句。整篇散文，都应该写得形象生动，诗意盎然。让读者读了以后，好像是读一首好诗。古今有名的散文作品很大一部分是属于这一个类型的。中国古代的诗人曾在不同的时期提出不同的理论，有的主张神韵，有的主张性灵。表面上看起来，有点五花八门，实际上，他们是有共同的目的的。他们都想把诗写得新鲜动人，不能陈陈相因。我想散文也不能例外。

我的意思就是说，要像写诗那样来写散文。

光是炼字、炼句是不是就够了呢？我觉得，还是不够的。更重要的还要炼篇。关于炼字、炼句，中国古代文艺理论著作中，也包括大量的所谓"诗话"，讨论得已经很充分了。但是关于炼篇，也就是要在整篇的结构上着眼，也间或有所论列，总之是很不够的。我们甚至可以说，这个问题似乎还没有引起文人学士足够的重视。实际上，我认为，这个问题是非常重要的。

炼篇包括的内容很广泛。首先是怎样开头。写过点文章的人都知道：文章开头难。

古今中外的文人大概都感到这一点，而且做过各方面的尝试。在中国古文和古诗歌中，如果细心揣摩，可以读到不少开头好的诗文。有的起得突兀，如奇峰突起，出人意外。比如岑参的《与高适薛据登慈恩寺浮图》开头两句是："塔势如涌出，孤高耸天宫。"文章的气势把高塔的气势生动地表达了出来，让你非看下去不行。有的纡徐，如春水潺湲，耐人寻味。比如欧阳修的《醉翁亭记》开头的一句话："环滁皆山也。"用"也"字结尾，这种句型一直贯穿到底。也仿佛抓住了你的心，非看下去不行。还有一个传说，欧阳修写《相州昼锦堂记》的时候，构思多日，终于写成，派人送出去以后，忽然想到，开头还不好，于是连夜派人快马加鞭把原稿追回，另改了一个开头："仕宦而至将相，富贵而归故乡，此人情之所荣，而今昔之所同也。"这样的开头有气势，能笼罩全篇。于是就成为文坛佳话。这样的例子还可以举出几十几百。这些都说明，我们古代的文人学士是如何注意文章的开头的。

开头好，并不等于整篇文章都好，炼篇的工作才只是开始。在以下的整篇文章的结构上，还要煞费苦心，惨淡经营。整篇文章一定要一环扣一环，有一种内在的逻辑性。句与句之间，段与段之间，都要严丝合缝，无懈可击。有人写文章东一榔头，西一棒槌，前言不搭后语，我认为，这不是正确的做法。

在整篇文章的气势方面，也不能流于单调，也不能陈陈相因。尽管作者每个人都有自己的独特的风格，应该注意培养这种风格，这只是就全体而言。至于在一篇文章中，却应该变化多端。中国几千年的文学史上，出现了不少不同的风格：《史记》的雄浑，六朝的浓艳，陶渊明、王维的朴素，徐庾的华丽，杜甫的沉郁顿挫，李白的流畅灵动，《红楼梦》的细腻，《儒林外史》的简明，无不各擅胜场。我们写东西，在一篇文章中最好不要使用一种风格，应该尽可能地把不同的几种风格融合在一起，给人的印象就会比较深刻。中国的骈文、诗歌，讲究平仄，这是中国语言的特点造成的，是任何别的语言所没有的。大概中国人也不可能是一开始就认识到这个现象，一定也是经过长期的实践才摸索出来的。我们写散文当然与写骈文、诗歌不同。但在个别的地方，也可以尝试着使用一下，这样可以助长行文的气势，使文章的调子更响亮，更铿锵有力。

文章的中心部分写完了，到了结束的时候，又来了一个难题。我上面讲到：文章开头难。但是认真从事写作的人都会感到：文章结尾更难。

为了说明问题方便起见，我还是举一些中国古典文学中的例子。上面引的《醉翁亭记》的结尾是："太守谓谁？庐陵欧阳修也。"以"也"字句开始，又以"也"字句结尾。中间也有大量的"也"字句，这样就前后呼应，构成了一个整体。另一个例子我想举杜甫那首著名的诗篇《赠卫八处士》，最后两句是："明日隔山岳，世事两茫茫。"这样就给人一种言有尽而意无穷的感觉。再如白居易的《长恨歌》，洋洋洒洒数百言，或在天上，或在地下。最后的结句是："天长地久有时尽，此恨绵绵无绝期。"也使人有余味无穷的意境。还有一首诗，是钱起的《省试湘灵鼓瑟》。结句是："曲终人不见，江上数峰青。"对这句的解释是有争论的。据我自己的看法，这样结尾，与试帖诗无关。它确实把读者带到一个永恒的境界中去。

上面讲了一篇散文的起头、中间部分和结尾。我们都要认真对待，而且要有一个中心的旋律贯穿全篇，不能写到后面忘了前面，一定要使一篇散文有变化而又完整，谨严而又生动，千门万户而又天衣无缝，奇峰突起而又顺理成章，必须使它成为一个完美的整体。

我的意思就是说，要像谱写交响乐那样来写散文。

写到这里，也许有人要问：写篇把散文，有什么了不起？可你竟规定了这样多的清规戒律，不是有意束缚人们的手脚吗？我认为，这并不是什么清规戒律。任何一种文学艺术形式，都有自己的一套规律，没有规律就不成其为文学艺术。一种文学艺术之所以区别于另一种文学艺术，就在于它的规律不同。但是不同种的文学艺术之间又可以互相借鉴、互相启发，而且是借鉴得越好，则这一种文学艺术也就越向前发展。任何国家的文学艺术史都可以证明这一点。

也许还有人要问："古今的散文中，有不少是信笔写来，如行云流水，本色天成，并没有像你上面讲的那样艰巨，那样繁杂。"我认为，这种散文确实有的，但这只是在表面上看来是信笔写来，实际上是作者经过了无数次的锻炼，由有规律而逐渐变成表面上看起来摆脱一切规律。这其实是另外一种规律，也许还是更难掌握的更高级的一种规律。

我学习写散文，已经有50年的历史了。如果说有一个散文学校，或者大学，甚至研究院的话，从年限上来看，我早就毕业了。但是事实上，我好像还是小学的水平，至多是中学的程度。我上面讲了那样一些话，决不意味着，我都能做得到。正相反，好多都是我努力的目标，也就是说，我想这样做，而还没有做到。我看别人的作品时，也常常拿那些标准来衡量，结果是眼高手低。在50年漫长的时间内，我搞了一些别的工作，并没有能集中精力来写散文，多少带一点客串的性质。但是我的兴致始终不衰，因此也就积累了一些所谓经验，都可以说是一得之见。对于专家内行来说，这可能是些怪论，或者是一些老生常谈。但是对我自己来说，却有点敝帚自珍的味道。《列子·杨朱篇》讲了一个故事：

> 昔者宋国有田夫，常衣缊，仅以过冬。暨春东作，自曝于日，不知天下之有广厦、隩室、绵纩、狐貉。顾谓其妻曰："负日之暄，人莫知者。以献吾君，将有重赏。"

我现在就学习那个田夫，把我那些想法写了出来，放在选集的前面。我相信，我这些想法至多也不过同负暄相类。但我不想得到重赏，我只想得到赞同，或者反对。就让我这一篇新的野叟曝言带着它的优点与缺点，怀着欣喜或者忧惧，走到读者中去吧！

我从小好舞笔弄墨，到现在已经五十多年了，虽然我从来没有敢妄想成为什么文学家，可是积习难除，一遇机缘，就想拿起笔来写点什么，积之既久，数量已相当可观。我曾经出过三本集子：《朗润集》《天竺心影》《季羡林选集》（中国香港），也没能把我所写的这一方面的文章全部收进去。现在北京大学出版社建议我把所有这方面的东西收集在一起，形成一个集子。我对于这一件事不能说一点热情都没有，这样说是虚伪的；但是我的热情也不太高：有人建议收集，就收集吧。这就是这一部集子产生的来源。

集子里的东西全部属于散文一类。我对于这一种文体确实有所偏爱。我在《朗润集·自序》里曾经谈到过这个问题,到现在我仍然保留原来的意见。中国是世界上首屈一指的散文国家,历史长,人才多,数量大,成就高,这是任何国家都无法相比的。之所以有这种情况,可能与中国的语言有关。中国汉语有其特别优越之处。表现手段最简短,而包含的内容最丰富。用现在的名词来说就是,使用的劳动量最小,而传递的信息量最大。此外,在声调方面,在遣词造句方面,也有一些特点,最宜于抒情、叙事。有时候可能有点朦胧,但是朦胧也自有朦胧之美。"诗无达诂",写抒情的东西,说得太透,反而会产生浅显之感。

我为什么只写散文呢? 我有点说不清楚。记得在中学的时候,我的小伙伴们给我起过一个绰号,叫做"诗人"。我当时恐怕也写过诗,但是写得并不多,当然也不好。为什么竟成为"诗人"了呢? 给我起这个绰号的那一些小伙伴几乎都已作古,现在恐怕没有人能说清楚了。其中可能包含着一个隐而不彰的信息:我一向喜欢抒情的文字。念《古文观止》一类的书的时候,真正打动了我的心的是司马迁的《报任安书》、陶渊明的《桃花源记》、李密的《陈情表》、韩愈的《祭十二郎文》、欧阳修的《泷冈阡表》、苏轼的《前赤壁赋》和《后赤壁赋》、归有光的《项脊轩记》等一类的文字,简直是百读不厌,至今还都能背诵。我还有一个偏见,我认为,散文应该以抒情为主,叙事也必须含有抒情的成分,至于议论文,当然也不可缺,却非散文正宗了。

在这里,我想谈一谈所谓"身边琐事"这个问题。如果我的理解不错的话,在解放前,反对写身边琐事的口号是一些进步的文艺工作者提出来的。我觉得,当时这样提是完全正确的。在激烈的斗争中,一切涣散军心、瓦解士气的文章都是不能允许的。那时候确实有一些人想利用写身边琐事来转移人们的注意力,消灭人们的斗志。在这样的情况下,反对写身边琐事是无可非议的、顺理成章的。

但是,我并不认为,在任何时候,任何情况下,都必须义正辞严、疾言厉色地来反对写身边琐事。到了今天,历史的经验和教训都已经够多的了,我们对身边琐事应该加以细致分析了。在"四人帮"肆虐时期,甚至在那个时期以前的一段时间内,文坛上出现了一批假、大、空的文学作品,凭空捏造,很少有事实依据,根据什么"三突出"的"学说",一个劲地突出、突出,突得一塌糊涂。这样做,当然谈不到什么真实的感情。有的作品也曾流行一时,然而,曾几何时,有谁还愿意读这样的作品呢? 大家都承认,文学艺术的精髓在于真实,古今中外,概莫能外。如果内容不真实,用多么多的篇幅,写多么大的事件,什么国家大事、世界大事、宇宙大事,词藻再华丽,气派再宏大,也无济于事,也是不能感人的。文学作品到了这个地步,简直是一出悲剧。我们千万不能再走这一条路了。

回头再看身边琐事。古今中外都有不少的文章写的确实是一些身边琐事,决不是国家大事,无关大局。但是,作者的感情真挚、朴素,语言也不故意扭捏做作,因而能感动读者,甚至能让时代不同、地域不同的读者在内心深处起着共鸣。这样写身边琐事的文章能不给以很高的评价吗? 我上面列举的那许多篇古文,哪一篇写的不是身边琐事呢? 连近代人写的为广大读者所喜爱的一些文章,比如鲁迅的抒情散文,朱自清的《背影》《荷塘月色》等名篇,写的难道都是国家大事吗? 我甚至想说,没有身边琐事,就没有真正好的散文。所谓身边琐事,范围极广。从我上面举出的几篇古代名作来看,亲属之情占有极其重要的地位。在错综复杂的社会生活中，亲属和朋友的生离死别，最容易使人们的感情激动。此外，人们也随时随地都能遇到一些美好的、悲哀的、能拨动人们心弦的事物，值得一写。自然景色的描绘，在古今中外的散文中也占有很大的比例。读了这样的文章，我们的感情最容易触动，我们不禁就会想到，我们自己对待亲属和朋友有一种什么感情，我们对一切善良的人、一切美好的事物是一种什么态度。至于写景的文章，如果写的是祖国之景，自然会启发我们热爱祖国；如果写的是自然界的风光，也会启发我们热爱大自然，热爱生活。这样的文章能净化我们的感情，陶冶我们的性灵，小中有大、小中见大、平凡之中见真理、琐细之中见精神，这样的身边琐事难道还不值得我们大大地去写吗？

今天，时代变了，我们的视野也应当随之而扩大，我们的感情不应当囿于像过去那样的小圈子里，我们应当写工厂，应当写农村，应当写革新，应当写进步。但是无论如何也离不开个人的感受，我们的灵魂往往从一些琐事触动起。国家大事当然也可以写，但是必须感情真挚。那一套假、大、空的东西，我们再也不能要了。

这就是我了解的身边琐事。收在这一个集子里面的文章写的几乎都是这样的身边琐事。我的文笔可能是拙劣的，我的技巧可能是低下的。但是，我扪心自问，我的感情是真实的，我的态度是严肃的；这一点决不含糊。我写东西有一条金科玉律：凡是没有真正使我感动的事物，我决不下笔去写。这也就是我写散文不多的原因。我决不敢说，这些都是好文章。我也决不说，这些都是垃圾。如果我真认为是垃圾的话，当然应当投入垃圾箱中，拿出来灾祸梨枣，岂非存心害人？那是虚伪的谦虚，也为我所不取。

我的意思无非是说，我自己觉得这些东西对别人也许还有一点好处，其中一点。可能是最重要的一点，我在《朗润集·自序》中已经谈过了，那就是，我想把解放前后写的散文统统搜集在这一个集子里，让读者看到我在这一个巨大的分界线两旁所写的东西情调很不一样，从而默思不一样的原因而从中得到启发。可惜我这个美好的愿望格于编辑，未能实现。但是，我并没有死心，现在终于实现了。对我自己来说，这是一件非常可喜的事情。可喜之处何在呢？就在于，它说明了，像我们这些从旧社会过来的知识分子，不管是"高级"的，还是其他级的，思想都必须改造，而且能够改造。这一点，我认为是非常有意义的。今天，人们很少再谈思想改造，好像一谈就是"极左"。但是我个人认为，思想改造还是必要的。客观世界飞速进行，新事物层出不穷，我们的思想如果不改造，怎么能跟得上时代的步伐呢？这是我的经验之谈，不是空口白话。我相信，细心的读者会从这一本集子里体察出我的思想改造的痕迹。他们会看出我在《朗润集·自序》里写的那一种情况：解放前看不到祖国和人民的前途，也看不到个人的前途，写东西调子低沉，情绪幽凄。解放后则逐渐充满了乐观精神，写东西调子比较响。这种细微的思想感情方面的转变是非常有意义的。它至少能证明，我们的社会主义国家确实有其优越之处，确实是值得我们热爱的。它能让一个人的思想感情在潜移默化中发生变化，甚至像南北极那样的变化。现在有那么一些人觉得社会主义不行了，优越性看不出来了，这个了，那个了。我个人的例子就证明这些说法不对头。这也可以说是我的现身说法吧！

细心的读者大概还可以从书中看到一种情况：解放前写的文章中很有一些不习见的词儿，这是我自己创造出来的。在这一方面，我那时颇有一点初生犊子不怕虎的气概。然而在解放后写的文章中，特别是在最近几年的文章中，几乎没有什么新词儿了。事实上，我现在胆子越来越小，经常翻查词典；往往是心中想出一个词儿，如果稍有怀疑，则以词典为据；词典中没有的，决不写进文章，简直有点战战兢兢的意味了。这是一个好现象呢，还是一个坏现象？我说不清楚。我不敢赞成现在有一些人那种生造新词儿的办法，这些词儿看上去非常别扭。但是，在几千年汉语发展的历史上，如果一个新词儿也不敢造，那么汉语如何发展呢？如何进步呢？可是话又说了回来，如果每一个人都任意生造，语言岂不成了无政府主义的东西？语言岂不要大混乱吗？我现在还不知道怎样解决这个问题。我眼前姑且把我解放前文章中那一些比较陌生的词儿一股脑儿都保留下来，让读者加以评判。

我在上面拉拉杂杂地写了一大篇，我把自己现在所想到的合盘托了出来。所有这一些想法，不管别人看上去会觉得多么离奇，甚至多么幼稚，但是，我自己却认为都是有道理的，否则我也不会写了出来。不过，我也决不强迫读者一定要认为是有道理的。

回顾五十多年的创作过程，看到自己笔下产生出来的这些所谓文章今天能够收集起来，心里不能不感到一点快慰。就算是雪泥鸿爪吧，这总是留下的一点痕迹。过去的50年，是世事多变的50年。我们的民族，还有我自己，都是既走过阳关大道，也走过独木小桥，这种情况在集子中约略有所反映。现在我们的国家终于拨云雾而见青天，我自己也过了古稀之年。我还没有制定去见马克思的计划。今后，我积习难除，如果真有所感——我强调的是一个"真"字，我还将继续写下去的。我们的国家、我们的民族，不管目前还有多少困难，总的趋向是向上的，是走向繁荣富强的。我但愿能用自己这一支拙劣的笔鼓吹升平，与大家共同欣赏社会主义建设的钧天大乐。

——选自《季羡林文集》

第三课　应用文写作

一、书信

（一）书信概说

书信是一种向特定对象传递信息、交流思想感情的应用文书。"信"在古文中有音讯、消息之义，也有托人所传之言可信的意思。用语言文字向特定对象传递信息和进行思想感情交流的信，不论是托人捎的口信，还是通过邮差邮递的书信，都有如下特征：一是有运用文字述说事情原委和表达自己思想感情的能力；二是具备相应的书写工具；三是有人进行传递。亲笔给亲戚朋友写信，不仅可以传达自己的思想感情，而且能给收信人以"见字如面"的亲切感。科技不断进步，又相继出现了电话、电报、邮寄录音带、录像带、电子邮件等交流信息的手段。如今,电子邮件这一便捷的方式已被越来越多的人运用。

随着社会的发展,人与社会的关系也在进行重新建构,书信的运用除传统用法,即公函、私函之外,一个新的发展动向便是原先私函类中因为个人需要而向政府机构、企事业单位、知名学者等发的事务性的信件,这一类信件的使用量逐渐增多,值得注意。我们将其称为个人公文。

书信是写给具体收信人的私人通信。除了保护有关的私人秘密外,一般对属于书面作品性质的信件也给予版权保护。

(二)写作要求

1. 书信的种类

书信类文体,包括普通书信和公务书信。普通书信是一种与特定对象交流信息、叙谈情谊、商讨问题、沟通思想的交际工具,是人们日常生活中应用最为广泛的一种私人性、礼仪性应用文体。专用书信又称公务书信,是机关、单位和社会团体之间,在处理日常工作事务中使用的、具有专门用途的知照性应用文体。

2. 书信的结构和写作要求

书信历史悠久,格式也几经变化。目前按通行的习惯,书信基本格式主要包括五个部分:称呼、问候语、正文、祝颂语、署名和日期。

(1)称呼

称呼也称"起首语",是对收信人的称呼。称呼和署名要对应,明确自己和收信人的关系。称呼要在信纸第一行顶格写起,后加":",冒号后不再写字。称呼可用姓名、称谓,还可加修饰语或直接用修饰语作称呼,如"尊敬的""亲爱的"等。

称呼要注意几点,如果是给长辈的信,近亲之间,就只写称谓,不写名字,如"爸""妈"等;对非近亲的长辈,可在称谓前加名或姓,如"李阿姨""张叔叔"等。如果是给平辈的信,可直接用对方名字、爱称加修饰语或直接用修饰语,如"小丽""亲爱的"等。给晚辈的信,一般直接写名字,也可在名字后加上辈分称谓,亦可直接用称谓作称呼,如"孙女""儿子"等。给师长的信,通常只写其姓或其名,再加"老师"二字,如"段老师""周师傅"等。对于学有专长、德高望重的师长,往往在姓后加一"老"字,以示尊重,如"戴老""周老",亦可在姓名后加"先生"二字。为郑重起见,也有以职称相称的,如"董教授""陈大夫""王工程师"等。给一个单位或几个人的信,又不指定姓名的,可写"同志们""诸位先生""××同志"等。给机关团体的信,可直接写机关团体名称,如"××委员会""××公司"。致机关团体领导人的信,可直接用姓名,加上"同志""先生"或职务作称呼,亦可直接在机关团体称呼之后加上"领导同志""负责同志""总经理""厂长"等。如果信是同时写给两个人的,两个称呼应上下并排在一起,也可一前一后,尊长者在前。

(2)问候语

书信通常以问候语开头。问候是一种文明礼貌行为,也是对收信人的一种礼节,体现写信人对收信人的关心。问候语最常见的是"您好!""近好!"依时令节气不同,也常有所变化,如"新年好!""春节愉快!"问候语写在称呼下一行,前面空两格,常自成一段。问候语之后,常有几句起始语。如"久未见面,别来无恙。""近来一切可好?""久未通信,甚念!"之类。问候语要注意简洁、得体。

（3）正文

问候语接下来便是正文的主要部分——主体文,即写信人要说的话。正文是书信的主体,一般分为若干段来书写,表达完整的内容。它可以是禀启、复答、劝谕、抒怀、辞谢、致贺、请托、慰唁,也可以是叙情说理、辩驳论证等。这一部分,动笔之前,就应该成竹在胸,明白写信的主旨,做到有条有理、层次分明。若是信中同时要谈几件事,更要注意主次分明,有头有尾,详略得当,最好是一件事一段落,不要混为一谈。

（4）祝颂语

正文写完后,都要写上表示敬意、祝愿或勉励的话,作为书信的结尾。习惯上,它被称作祝颂语或致敬语,这是对收信人的一种礼貌。祝愿的话可因人、因具体情况选用适当的词,不要乱用。常见的祝颂语有"此致""敬礼"等。"此致"可以有两种正确的位置来进行书写,一是紧接着主体正文之后,不另起段,不加标点;二是在正文之下另起一行空两格书写。"敬礼"写在"此致"的下一行,顶格书写,后应该加上一个惊叹号,以表示祝颂的诚意和强度。

（5）署名和日期

在书信最后一行,署上写信人的姓名。写信人的姓名写在祝颂语下方空一至二行的右侧。最好还要在写信人姓名之前写上与收信人的关系,如果是写给亲属、朋友的,可加上自己的称呼,如儿、弟、兄、侄等,后面写名字,不必写姓。如果是写给组织的信,一定要把姓与名全部写上。而在署名之后,有时还视情况加上"恭呈""谨上""敬上"等,以示尊敬。上述自称,都要和信首的称谓相吻合。

日期用以注明信写完的时间,写在署名之后或下面。有时写信人还加上自己的所在地点,尤其是在旅途中写的信,更应如此。如果忘了写某事,则可以在日期下空一行、空两格写上"又附",再另起一行书写未尽事情。

（三）书信范文

书信范文：电子邮件

以会计专业求职信电子邮件为例：

尊敬的领导：

您好!

感谢您在百忙之中浏览我的求职信,为一个满腔热情的大学生开启一扇希望之门。

我是××学院会计系会计专业的一名学生,即将面临毕业。借此择业之际,我怀着一颗赤诚的心和对事业的执著追求,真诚地推荐自己。

三年来,在师友的严格教益及个人的努力下,我具备了扎实的专业基础知识,系统地掌握了基础、财务、成本、税务等会计学和经济法等有关专业学科的理论知识,掌握了

《傅雷家书》一则

会计电算化操作；具备较好的英语听、说、读、写、译等能力，参加并通过了大学英语四级考试；能熟练操作计算机办公软件，达到全国计算机一级水平。同时，我利用课余时间参加了会计专业的自学考试，不但充实了自己，也培养了自己多方面的技能。更重要的是，严谨的学风和端正的学习态度塑造了我朴实、稳重、创新的性格特点。

此外，我还积极地参加各种社会活动：参加税法比赛，并有不错的表现；我还利用暑期较宽裕的时间去体验工作生活，当过资料输入员、到会计事务所去见习过；同时还与同学搞过自主社会实践项目，得到了学院的认可。我抓住每一个机会，锻炼自己。大学三年，我深深地感受到，与优秀学生共事，使我在竞争中获益；向实际困难挑战，让我在挫折中成长。祖辈们教我勤奋、尽责、善良、正直；学校培养了我实事求是、开拓进取的作风。

我坚信，勤奋才是真实的内涵。只要勤奋努力，我相信自己能够很快适应工作环境，熟悉业务，并且在实际工作中不断学习，不断完善自己，做好本职工作。我热爱贵单位所从事的事业，殷切地期望能够在您的领导下，为这一光荣的事业添砖加瓦，并且在实践中不断学习、进步。

感谢您百忙中能够阅读我的求职信。期待您的反馈！

此致

敬礼

自荐人：×××

20××年7月2日

二、新闻稿

（一）新闻稿概说

新闻，是指报纸、电台、电视台、互联网等媒体经常使用的记录与传播信息的一种文体，是记录社会、传播信息、反映时代的一种文体。新闻概念有广义与狭义之分。广义的新闻指除了发表于报刊、广播、互联网、电视上的评论与专文外的常用文本，包括消息、通讯、特写、速写（有的将速写纳入特写之列）等；狭义的新闻指消息，即用概括的叙述方式，以较简明扼要的文字，迅速及时地报道附近新近发生的、有价值的事实，使一定人群了解。

（二）写作要求

新闻一般包括标题、导语、主体、背景和结语五部分。前三者是主要部分，后两者是辅助部分。标题一般包括引标题、正标题和副标题，标题需高度概括，抓人眼球。导语是新闻开头的第一段或第一句话，扼要地揭示新闻的核心内容，用来提示消息的重要事实，使读者一目了然。主体是新闻的躯干，写在导语之后，用充足的事实来表现主题，是对导语内容的进一步扩展和阐释。新闻稿的主体部分集中叙述事件、阐发问题和表明观点的中心部分，是全篇的关键所在。背景是事物的历史状况或存在的环境、条件，新闻背景指的是新闻发生的社会环境和自然环境,是消息的从属部分,可以暗含在新闻主体中,或插在导语或结语之中。结语一般指消息的最后一句或一段话,是消息的结尾,依内容的需要,可有可无。

从表达方式上看,新闻稿的写法以叙述为主,兼或有议论、描写、评论等,十分讲究真实性。新闻六要素(也就是记叙要素)分别是:时间、地点、人物、事件的起因、经过、结果。即五个"W"和一个"H",即 Who(何人)、What(何事)、When(何时)、Where(何地)、Why(何因)、How(如何)。一篇新闻报道,无论是消息还是通讯、特写,一般都包含这六个因素。明确六要素,对新闻工作有三大作用:一是有助于记者在采访新闻时迅速地弄清每一个事实的要点;二是有助于记者迅速抓住新闻的重点,尤其在新闻导语的写作中;三是有助于明了新闻的体裁要义。

(三)新闻稿范文

情景设定:不仅文化传播类专业学生需要掌握新闻撰写的技能,各行各业都需要能传播正能量的声音,具备一定的新闻写作素养,新闻撰写的技能是大学生走向职场的重要能力。本文以湖南信息职业技术学院重大活动新闻为例,示范如何从"5W1H"角度撰写新闻稿。

中国共产党湖南信息职业技术学院第三次代表大会胜利召开

7月2日上午,中国共产党湖南信息职业技术学院第三次代表大会在多功能报告厅开幕。本次大会应到正式代表 150 名,实到 149 名,符合规定人数。党委书记贺代贵代表学院第二届党委作工作报告,党委委员、纪委书记姚庆武代表学院第二届纪律检查委员会作工作报告。会议由党委副书记、院长陈剑旄主持会议。

长沙市委组织部副部长、两新工委书记、基层办主任杨俊、长沙市委组织部干部四处处长周智武、市委组织部组织指导处处长田劲出席,学院苏基协、王虎成、朱焕桃、余求根、罗述权、谭立新、蔡琼、廖继旺前台就座。参加本次大会的列席人员有:谭守俭、赵兴舟、刘志红、肖放鸣、尹立贤、陈光忠、孙洪淋、李崇容。

大会的主题是:高举习近平新时代中国特色社会主义思想伟大旗帜,不断加强党对学院的全面领导,牢牢把握正确办学方向,全面贯彻落实立德树人根本任务,切实履行办学治校主体责任,团结带领学院师生员工,主动服务省市发展战略,精准对标看齐,抬高工作坐标,凝聚发展合力,奋力攻坚克难,为建设特色鲜明的地方性应用型高水平本科院校而努力奋斗。

上午 9 时 30 分,大会正式开幕。全场起立,奏唱《中华人民共和国国歌》。

长沙市委组织部副部长杨俊代表中共长沙市委组织部部务会对大会的召开表示热烈的祝贺。他指出,学院自 2017 年移交长沙市以来,在市委、市政府的正确领导下,牢记为党育人、为国育才教育初心,不断加强学院内涵建设,学院事业发生了深层次、根本性的变革,取得了全方位、开创性的成就。学院党建和思想政治工作基础不断夯实,政治生态持续好转;专业群建设紧扣长沙产业发展脉搏,信息特色不断凸显;学院师资队伍结构进一步优化,招生就业成绩不断创新高,立德树人成效显著,师生竞赛捷报频传,各项事业发展迈上了新的台阶。他代表市委组织部对学院接下来的发展提出四点建议:要坚持党的领导,圆满完成换届各项任务;要坚持全面从严治党,不断加强党的建设;要坚持依法治校,全面推进学院综合改革;要坚持内涵建设,更好地服务经济和社会发展。

贺代贵同志代表学院第二届党委作了题为《精准对标看齐 奋力攻坚克难为建设特色鲜明的地方性应用型高水平本科院校而努力奋斗》的报告。他在报告中全面、客观地回顾和总结了第二次党代会以来的工作成绩和经验启示,明确了学校未来五年的发展形势、总体目标、办学思路和今后五年学院的主要工作任务。他强调必须以习近平新时代中国特色社会主义思想为指导,加强党的全面领导,落实立德树人根本任务,在职业教育蓬勃发展中创新务实举措,在服务长沙发展中找准融合方向,在提质培优中增强特色优势,全力推进改革创新,开创学院高质量发展新征程。

他在报告中表示,第二次党代会以来,学院党的政治建设、治校理政能力不断增强,校园政治生态持续改善;党建引领成效显著,学院各项事业稳步发展;坚持引育并举,人才队伍建设不断加强;创新内涵发展,专业学科建设成绩斐然;深化校企合作,科研服务能力不断加强;突出招培就联动,学生培养质量稳步提升;改善育人环境,民生实事工程落地见效。五年来的奋斗历程让我们深深体会到必须始终坚持党的领导,坚定办学方向;始终坚持围绕中心,服务发展大局;始终坚持改革创新,强化内涵发展;始终坚持依靠师生,凝聚奋进力量。

他在报告中指出,学院发展的总体目标是立足长沙、服务全省、辐射全国,努力将学院建设成一所特色鲜明的地方性、应用型、高水平本科院校。为实现这一总体目标,我们必须稳扎稳打,分步推进。他提出"三步走"的基本构想:第一步,创设条件通过本科设置评估;第二步,对标对表通过本科办学水平验收;第三步,推动办学水平再度跃升。

他在报告中强调,推动实现"三步走"基本构想,必须大力加强党的建设,提升党委把握方向、统揽大局的能力,以高质量党建引领高质量发展;统筹"三大攻坚目标",突出和强化"转设筹建本科"目标引领,凝练和沉淀"提质培优"价值内核,突破和夯实"新校区建设"硬件支撑,全面开启高水平应用型大学建设新征程;要实施"五大行动计划",以质量提升行动计划、人才强校行动计划、特色引领行动计划、服务社会行动计划、校园文化行动计划,全面推动学院各项事业再上新台阶;构建"五大保障体系",以高效能的治理体系、强有力的保障体系、全方位的涵养体系、高品质的服务体系、高水平的技术体系,促进学院持续高效健康发展。

他在报告中号召,全院上下继续高举习近平新时代中国特色社会主义思想伟大旗帜,勠力同心、砥砺奋进、乘势而上、加快发展,为把学院建设建成地方性应用型高水平的本科院校而不懈奋斗。

姚庆武同志代表学院第二届纪律检查委员会作了题为《忠诚履职尽责 持续正风肃纪 为建设特色鲜明的地方性应用型高水平本科院校提供坚强保障》的书面工作报告。

报告客观地回顾和总结了第二次党代会以来的全面从严治党工作与经验体会，并对今后五年的主要工作做了部署。他表示，总结历史是为了开辟未来。回顾第二次党代会以来的工作，我们深切地体会到必须始终坚持党的领导，推动党政齐抓共管；必须始终坚持围绕中心，服务事业发展大局；必须始终坚持抓早抓小，严格监督执纪问责；必须始终坚持系统思维，一体推进"三不"机制；必须始终坚持改革创新，不断激发工作活力。

报告强调，未来五年，要坚持政治引领，持续突出政治监督；坚持"四责协同"，持续压紧压实责任；坚持标本兼治，持续同步推进"三不"；坚持问题导向，持续纠治"四风"顽疾；坚持专责定位，持续提升监督效能；坚持忠诚履职，持续加强队伍建设。紧紧围绕学院第三次党代会确定的目标任务，按照"三步走"的工作思路，以党的政治建设为统领，坚持稳中求进工作总基调，忠实履行党章赋予的职责，着力推动"清廉湘信"建设，发挥监督保障执行、促进完善发展作用，营造良好校园政治生态，为把学院建设成为特色鲜明的地方性应用型高水平本科院校提供坚强保障。

开幕大会后，各代表团按照大会日程安排，对党费收缴、管理和使用情况报告进行审议。

三、发言稿

（一）发言稿概说

发言稿是参加会议者为了在会议或重要活动上表达自己意见、看法或汇报思想工作情况而事先准备好的文稿。发言稿是演讲上一个重要的准备工作，可以按照用途、性质等来划分，如开幕词、闭幕词、会议报告等。

（二）写作要求

1. 发言稿的类别

发言稿主要有以下几种：

（1）演讲稿

演讲稿是人们在工作和社会生活中经常使用的一种文体。演讲稿也叫演讲词，是在较为隆重的仪式上和某些公众场合发表的讲话文稿。演讲稿是演讲的依据，是对演讲内容和形式的规范和提示，体现着演讲的目的和手段。它可以用来交流思想、感情，表达主张、见解；也可以用来介绍自己的学习、工作情况和经验等；演讲稿具有宣传、鼓动、教育和欣赏等作用，可以把演讲者的观点、主张与思想感情传达给听众和读者，使他们信服并在思想感情上产生共鸣。

（2）开幕词、闭幕词

开幕词指比较隆重的大型会议开始时所用的讲话稿。闭幕词指较为大型的会议结束时，领导同志所做的要求性的讲话。

（3）会议报告

会议报告是指召开大中型会议时，有关领导代表一定的机关进行中心发言时使用的文稿。

（4）动员发言

动员发言是指在部署重要工作或活动的会议上，有关领导使用的用于鼓励人们积极开展此项工作或参加此项活动的文稿。

（5）总结性发言

总结性发言是指某一事项或某一活动结束后，有关领导对其进行回顾、概括时使用的文稿。

（6）指示性发言

指示性发言是指有关领导对特定的机关和人员布置的工作、任务，指出希望和要求并规定某些指导原则时使用的文稿。

（7）纪念性发言

纪念性发言是指有关领导在追忆某一特殊的日子、事件或人物时使用的文稿。

2. 发言稿的写作要求

（1）观点要鲜明

对问题持什么看法，要明确表态。对尚未认识清楚的问题，要实事求是地说明；如果是汇报性的发言，要中心明确，重点突出，不必面面俱到。

（2）条理清楚

一篇发言稿要谈几方面的问题，每一方面问题要讲哪些条目，都要安排得有条有理，让人听起来容易抓住重点。

（3）语言简洁明快

发言要直接面向听众，所以语言一定要简洁明快，尽量不使用啰嗦的句子，更不要使用一些深奥的词句，最好运用大众语言。

（三）发言稿范文

情景设定：某单位要举行重要活动，需由单位负责人公开发表讲话，体现活动主题，具有传播价值，达到活动目的。本文以湖南信息职业技术学院开学典礼上校长的讲话为例，学习发言稿的写作特点。

人生的方向与更好的自己

老师们，同学们：

大家好。今天的校园，阳光明媚，云淡风轻，我们齐聚一堂，举行 2020 级军训汇报总结表彰与新生开学典礼，刚才我观摩了军训成果展示，领略了受训连队的风采与气度，感受了军训给每个人精气神带来的蜕变。在此，我向来自全国 20 个省市的 4234 名同学表示热烈的欢迎，向获得百名新生优胜奖、湖北学生入学奖的同学和取得军训优异成绩的连队和先进个人表示真诚的祝贺，向为本届学生迎新、入学教育、军事训练和正式开课做准备付出辛勤劳动的老师们、同志们、雷锋教导团的同学们和志愿者们,表示衷心的感谢!

对每届新生,我作为院长都要给同学们讲"第一课",在今天的开学第一课里,主要分享我对"人生的方向与更好的自己"这个话题的思考,希望对梦想起航的你们有所启示。

一、找准人生方向,全面认识自己

同学们,人生的方向从生物学上讲,是一个生长老死的过程,也是一个向死而生的自然过程;人生的方向,从社会学意义上讲,是由稚嫩走向成熟,不断社会化的过程。半个月前你们来报到时,有的同学是从农村来的,有的同学是从城里来的,有的同学是自己来的,有的同学是亲友陪着来的,不管是怎么来的,接下来的路都要自己一个人走。一个人如何走,首先得找准人生的方向,前提是认识你自己!

认识你自己,这个答案在两千多年前,就镌刻在希腊德尔斐神殿上。大学是人生独立的开端,所有选择都是你自己。人生本是一叶脆弱的孤舟,但方向不能由大海来决定,如果命运交给大海,等待的只有覆没。我们需要经历的,就是我们如何选择自己的方向。独立人生第一件事就是要重新认识你自己。认不清自己是不行的,会迷惑、会迷茫、会迷路。大学生如何认识自己? 大学是精彩人生的开端,学习时间与内容选择更加自主,学习资源更加丰富,评价的标准更加多元。评价一个大学生,标准不只有成绩。学分绩点很重要,良好的品行和习惯,以及创新能力更重要;人际交往很重要,专业功力和技能水准,以及吃苦耐劳的能力更重要。你们不再像竹子一样直线生长,而应该更像一棵树,除了明晰的主干,还有横生的枝丫,郁郁葱葱全面发展。如果没有认清这一点,就不能很好地完成由中学生向大学生的角色转变。

重新认识自己,要认识自己的性格与兴趣、能力与禀赋、优长与不足,找准自己喜欢干什么,不喜欢干什么;适合干什么,不适合干什么;如果你知道自己的远方在哪里,全世界都会为你让路;如果你不知道要去哪里,那么什么风都是逆风。在崭新人生之旅中,给自己找准方向、定个目标、选对路径、立即行动,这对同学们而言实在太重要了。

二、坚定人生方向,成就更好的自己

同学们,坚定人生的方向,首先要找准人生的方位,人生的方位是人在自然、社会处的方向与位置,是由责任、义务、使命决定的。人生的方位是方向标、定盘星和助推器。人生方位是方向标,指引在岔路口的你辨别前进的方向,在勤勉努力加持之下成为更好的自己;人生方位是定盘星,给你带来坚定使命感,纵使在物欲横流的生活海洋里,仍然能够抵制住诱惑的浪花,稳步航行;人生方位也是助推器,赋予你披荆斩棘、闯出新路的自信与力量,瞄准目标、持续用力、精准发力,成功变得更有效率更有价值。坚定人生方位,是开启筑梦逐梦、幸福远航的"金"钥匙。

初心决定人生的方向,有初心的人,生活总是发光的。心中有信仰,脚下就有力量;不忘初心,方能致远。中国共产党人的初心,是为中国人民谋幸福,为中华民族谋复兴。作为"强国"一代,我们的初心应该与时代同行,与祖国同向,与中华民族伟大复兴的目标一致，让初心指引我们的前进方位，让初心带领我们找准奋进方向。

理想决定人生的方向，有理想的人，生活总是火热的。理想信念是习总书记对新时代中国青年寄语中的高频词。把稳理想信念这个舵，人生的航船就不会偏航，人生之远航才会行稳致远，抵达成功彼岸。同学们既要潜入学习海洋充分汲取知识、锤炼本领、磨砺意志，又要志存高远，坚守目标，以理想信念的力量开辟人生之路，铸就幸福人生。

使命决定人生的方向，勇担使命的人，生活总是充实的。勇担使命为人生定航，使生命得充盈富足。孙中山先生说，"惟愿诸君将振兴中华之使命，直至于自己肩上。"使命是神圣的、高尚的，也意味着奉献与担当。我们信息职院的使命是"服务国家战略、培养技术英才"。作为信息职院学子的你们，要传承"家国共担、手脑并用"的校训精神，用使命担当成就生活意义和生命价值，激励自己只争朝夕、砥砺前行。

责任决定人生的方向，负责的人，生活总是有份量的。你的责任就是你人生的方向，责任为未来规划导向，为实现人生价值护航与赋能。"知责任者，大丈夫之始也；行责任者，大丈夫之终也"。同学们，我们要警醒自己，大学三年不沉湎于舒适的避风港，牢记对国家、社会、家庭与个人的责任，做到心中有责、勇于担责，用责任来约束、提升自己，做一个于己于人于国家于社会于家庭有用且负责任的人。

同学们，理想的人生值得我们一生去珍惜、去热爱、去追逐，现实中大多数人在追逐无价值的梦幻，无理想的忙碌，体会不到奋斗的乐趣。同学们，我们坚定人生的前进方位，还要从学校、专业、环境等赋能因素，特别是行动中，创造自己有价值、有意义的人生。

更好的自己源于学校指引。信息职院是信息技术人才的"黄埔军校"，在这里，你们可以同学校一起开启人生之路。学校图书馆任你遨游，充实你的知识库，国家级、省级重点实习实训基地让你在实践中感悟真知，各专业项目组、创新创业孵化基地、学生社团等平台助你拓展生活的可能，打通学习与实践的边界……在信息职院，我们崇尚主流价值，鼓励个性发展。同学们，舞台已为你们搭好，期待你来这里与学校一起，主演自己的人生角色，走稳自己的人生之路。

更好的自己源于专业引领。在我院，网络空间安全学院的同学可以努力学习网信前沿技术、认清国内网络安全形势，用代码打造国家信息安全的坚实壁垒；电商技术与服务专业的同学，可以致力于营销设计、网站开发与电商技术应用等，用自己的专业知识让城乡牵手，助力打赢脱贫攻坚之战；智能制造技术应用专业的同学也可以努力去跟紧技术应用与变革、去研究"卡脖子"技术相关问题，让人工智能成为人类进步的推动器。同学们，只有这样，你们的专业知识、专业能力，才不会成为"一纸空谈"。朝着专业的方向努力，沉下心来学好本领，勇敢地创新创造，为这个世界更美好贡献你的一份专业力量。

更好的自己源于环境熏陶。优质的种子，也要在合适的土壤里才能发芽成长。选择志趣相投的同窗好友，一起交流学习、钻研技术，共同成长。除了身边的小环境，还有时代大环境。在这个日新月异、层出不迭的大时代，今天我们还新奇地用着抖音，再过不久它就会可能就会被新生软件所替代。如果我们停滞不前、固步自封,时间和时代将会把我们甩在身后,连"再见"也不会说了! 我们唯有突破自我、加快成长,才能一直与时代共舞。

更好的自己源于坚持付出。同学们,也许你会问:学校、专业、生活所在的环境就可以决定我的人生吗? 不,起决定作用的还是你自己,是你坚持付出的行动。"纸上得来终觉浅,绝知此事要躬行"。同学们,决定权在你的手上,人生的答卷还是需要你自己去书写,需要你在实践中去探索、领悟与创造。

三、有为自有C位,担当造就永恒青春

同学们,我想跟大家分享北斗导航系统的故事。中华民族自古就以北斗七星指方向、辨四季、定时辰。今年7月31日,北斗三号最后一颗全球组网卫星发射成功,由我国自主建设运行的北斗卫星导航系统闪耀苍穹。从1983年"双星定位"理论的提出,全体北斗人团结协作、攻坚克难已历时37年。北斗系统每颗卫星都独具特色,都有自己的功用,既各司其职,又优势互补,共同为全球用户提供高质量的定位导航授时服务。北斗三号卫星团队,平均年龄只有31岁,60%是"80后",23%是"90后",他们一年当作两年用,十年磨一剑,当时的90后已经从初出茅庐的毕业生成长为独当一面的中坚力量。中国航天科技集团一院总体部主任设计师胡炜感慨:"这是创新的胜利,也是年轻的胜利,我们就是要永远保持年轻的心态、创新的冲动!"

我们能从北斗卫星的故事中至少得到3个启示。一是人无长少年,青春须早为;二是人生须认真,有为才有位;三是北斗卫星每一颗都有自己的功用,我们也应知行且知止,不负青春、不负韶华、不负时代。

同学们,青春须早为。北斗团队平均年龄是35岁,人生最富有创造力的阶段正是青春年少。《共产党宣言》发表时马克思是30岁,恩格斯是28岁;中共一大召开时毛泽东是28岁,雷锋牺牲时是22岁,断肠明志的陈树湘牺牲时是29岁,许多成功企业家的创业蓝图,也往往是在大学期间心中就绘就。大学也是大有作为的广阔舞台,应该勇于尝试,通过不同的人和事来雕琢一个更好的自己。成功就是超越,失败了也没有损失,无论成功和失败都是人生的财富。学院有社会需求旺盛、实力强劲的专业,有高水平的教师队伍,有特色鲜明、学做合一的"金课"集群,有学以致用的技能证书,有志同道合的朋友,有丰富多彩的校园文化和社团活动,有增长才干、服务社会的志愿者实践活动……大学里必须抓住机会,努力探寻,锤炼品格,学好专业知识,练就专业本领,过好丰富多彩的大学生活,从而收获品德与学识、证书和阅历、友情与爱情。

同学们,有为才有位。要想实现人生价值、成就更好的自己,就必须撸起袖子加油干。奋斗是青春最厚重的底色、最醒目的注脚。作为年轻一代,既要像北斗星那样志存高远,方向坚定;又要像北斗团队一样脚踏实地,团结协作。与青春同行,用坚守执着走出舒适区;与梦想同向,用一路奋斗摆脱本领恐慌;与时代同行,用闻鸡起舞练就过硬本领;与未来同在,在最好的年华砥砺奋斗,争做堪当大任的新时代的中国青年。

同学们,北斗卫星每一颗都有自己的方向与价值,每个人都有自己的人生方向与使命,我们应明白自己的独特价值。军训即将结束,成果需巩固,好作风好习惯一定发扬

光大，坚守如初；未来已来，你来不来，能坐视机会溜走吗？知行且知止，要懂得该做什么，不该做什么，知道事情做到什么程度；要知道"当行之事"，不踩"当避之坑"，铸就无悔青春，实现人生梦想。

同学们，我们现在所拥有的，无论好坏，都来自于过去的付出；而未来取决于从现在开始的每一点滴积累，只要努力永远都来得及。

加油吧，同学们，你比自己的想象更美好；奋进吧，同学们，青春与梦想不可辜负，现在的努力都会在未来兑现，人生的每一步都算数。

愿你在信息职院成为更优秀的自己。

同志们，同学们，立德树人，任重道远，我们并肩同行；干事创业、风雨兼程，我们全力以赴；让我们坚定理想信念、坚守初心使命，携起手来，只争朝夕，勇于担当，为湖南信息职院早日实现"新一轮创业"的良好愿景与完成升格职教本科的宏伟目标而继续奋斗！

四、会议纪要

（一）会议纪要概说

会议纪要（简称纪要）是指用于记载、传达会议情况和议定事项的法定公文。即在会后按照会议的指导思想和目的要求，在对会议记录和有关文件进行精选、综合、分析和提高的基础上，把会议的基本情况和决议事项用准确、精练的语言进行整理，用以概括反映会议精神和会议成果的一种公文。

会议纪要具有如下特点：

① 纪实性。纪要是根据会议的宗旨、议程、决议等整理而成的公文，是对会议基本情况的纪实。纪要的纪实性特点使它具有凭证作用和资料文献价值。

② 概括性。纪要必须高度概括会议要点、会议情况、会议精神，以利于传达。

③ 指导性。除凭证作用、资料作用之外，多数纪要具有指导工作的作用。它要传达会议情况和会议精神，要求与会单位和相关的部门以此为依据展开工作，落实会议的议定事项。

（二）写作要求

1. 纪要的类型

根据会议是否作出决定或决议，以交流为主还是以研讨为主，可将纪要分为决策型纪要、交流型纪要和研讨型纪要三种类型。这三种不同类型的纪要，写法很不相同。

（1）决策型纪要

以会议形成的决定、决议或者议定事项为主要内容的纪要称为决策型纪要。这种纪要的特点是指导性强，会议上确定的工作重点，对工作的步骤、方法和措施的安排，都要求与会单位共同遵守或执行。

（2）交流型纪要

以思想沟通或情况交流为主要内容的纪要属于交流型纪要。它的主要特点是：以统一思想、达成原则共识或树立学习榜样为目的，而不布置具体工作，有明显的思想引导性，但没有明显的工作指导性。一些经验交流会形成的纪要大多属于这种类型。

（3）研讨型纪要

研讨型纪要的鲜明特点是并不以共识和议定事项为主要内容，而是以介绍各种不同的观点和争鸣情况为主。研讨会和学术讨论会的纪要多是这种类型。会议开完了，各家的观点也发表过了，但是并没有形成统一意见，当然更谈不上确定什么议定事项。在这种情况下，仍然有必要发纪要，以便让更多的人了解会议的情况，了解不同的观点及其争鸣过程。这对启发和活跃思想，对百花齐放、百家争鸣的学术空气的形成是有促进作用的。

2. 纪要的结构和写作格式

纪要主要回答何时召开了何会议，记载传达了何事项，对受文者的希望等。纪要的要素和结构由标题、成文日期和正文构成。

（1）标题

标题一般由会议名称和文种类别（纪要）组成，有的有正副两个标题，正标题概括纪要的基本精神，副标题写明会议名称和文种。如需作为文件下发，还应有编号。

（2）成文日期

成文日期可以写于标题下，居中排布。如属于会议通过的纪要，则注明会议名称与通过日期，写于标题下，形式是××年××月××日××会议通过。还可以将成文日期写于正文下，类似于通知。

（3）正文

正文由会议概况、会议事项、结尾构成。

会议概况包括会议召开的时间、地点、主持人、参加人员、议题等。

会议事项可以根据会议内容采用归纳的方法，分成若干个问题加以分述。每个议题可依听取汇报（或报告）、讨论、决定的顺序去写。这部分是纪要的主体，要写得完整、清楚。常用的叙述方法有概述式、条款式、发言式。

结尾可以适当写一些对会议精神的贯彻执行要求或号召，也可以不写。作为文件下发的纪要，落款要有发文机关和日期。

3. 纪要的写作要求

（1）要正确地集中会议的意见。没有取得一致意见的，一般不写入纪要。但对少数人意见中的合理部分，也要注意吸收。

（2）例会和办公会议、常务会议的纪要，重点将会议研究的问题和决定事项逐条归纳，做到条理清楚、简明扼要。

（3）纪要用"会议"作为主语，即"会议认为""会议确定""会议指出""会议强调""会议听取了""会议讨论了"等。

（4）纪要写成后，可由会议主办单位直接印发，也可由上级领导机关批转。有的纪要还可由会议主办单位加按语印发。

4. 纪要与决议的区别

（1）纪要内容可轻可重，讨论事项可大可小；决议内容一定是单位或部门原则性的重大问题。

（2）纪要可以反映会议上不同的观点或几种同时存在的不同意见；决议则只能反映多数人通过的统一观点或意见。一份纪要可以同时写出不同方面互不关联的几项决定；而一份决议只能写某一方面、某一问题的决定。

（3）形成过程不同。纪要是将会议内容、形成经过进行整理、撮其要点，记其重点并条理化，作为与会者共同遵守、执行的依据；决议则是经过一致通过的程序。

（三）会议纪要范文

会议纪要例文

关于协调解决沙面大街 56 号首层房屋使用权问题的会议纪要

第××号

××年 2 月 2 日上午，市政府办公厅××主任主持召开会议，协调解决沙面大街 56 号首层房屋使用权问题。参加会议的有省政府办公厅交际处、胜利宾馆、市商委、市国土房管局、二商局、市外轮供应公司等有关部门的负责同志。

会议认为，沙面大街 56 号首层房屋使用权的问题，是在过去计划经济和行政决定下形成的历史遗留问题。早几年曾多次协调，虽有进展，但未有结果。最近，按照省、市领导同志"向前看""了却这笔历史旧账"的批示精神，在办公厅的协调下，双方本着尊重历史，面对现实，互谅互让的原则，合情合理地提出解决这宗矛盾的方案。

经过协商、讨论，双方达成了一致的认识。会议决定如下事项：

一、市外轮供应公司应将沙面大街 56 号房屋的使用权交给胜利宾馆。

二、考虑到市外轮供应公司在 56 号经营了 30 多年，已投入了不少资金，退出后，办公地方暂时难以解决，决定给予其商品损耗费、固定资产投资和搬迁费等一次性补偿费用共 95 万元。其中省政府办公厅和胜利宾馆负责 80 万元；考虑到省政府领导曾多次过问此事和省、市关系，另 15 万元由市政府支持补助。

三、省政府办公厅和胜利宾馆的补偿款于××年 2 月 7 日前划拨给市外轮供应公司。市政府的补助款于 3 月 5 日左右划拨，市外轮供应公司应于 2 月 15 日开始搬迁，2 月 20 日前搬迁完毕并移交钥匙。

四、市外轮供应公司原搭建的楼阁按房管部门规定不能拆迁。空调器和电话等 2 月 20 日前搬迁不了的，由胜利宾馆协助做好善后工作。

会议强调，双方在房屋使用权移交中要各自做好本单位干部群众的工作，团结协作，增进友谊，保证移交工作顺利进行。

××市政府办公厅
××年×月×日

五、计划

(一) 计划概说

计划是前进方向上的"路标",是一切行动的先导,也是达到目标的手段。古人云:"谋先事则昌。""深计远虑,所以不穷。"制订计划可以指导人们有目标、有秩序、有步骤地进行工作。计划还具有督促和推动作用,便于统筹安排工作,调动各方面的积极性,增强自觉性。同时,计划也是检验工作效果的有效手段,便于掌握工作进程。为了学习与工作的需要,我们应该掌握计划的写法。

在管理学中,计划具有两重含义,其一是计划工作,是指根据对组织外部环境与内部条件的分析,提出在未来一定时期内要达到的组织目标和实现目标的方案和途径。其二是计划形式,是指用文字和指标等形式表述的组织和组织内不同部门和不同成员,在未来一定时期内关于行动方向、内容和方式安排的管理事件。

计划类应用文是指党政机关、企事业单位、社会团体对今后一段时间的工作、活动做出预想和安排的一种事务性文书。计划能够建立起正常的工作秩序,明确工作的目标,是领导指导、检查,群众监督、审察工作成绩的依据。计划也是一段时间过后本单位总结工作时的基本标准,计划完成或超额完成,说明工作成绩是突出的;相反没有完成工作计划,则说明工作存在问题。

1. 常见的计划类文体

计划不是单一的文体,是由"打算""设想""规划""纲要""计划""方案""要点""安排"等文种共同组成的一种文体,统称为"计划性文体"。

① 设想:初步的、草案性的、不太成熟的计划,是计划中最粗略的一种。在内容上是初步的,多是不太成熟的想法;在写法上是概括地、粗线条地勾勒。它是为正式的规划或计划作准备,只要基本成形就可以。

② 规划:从时间上说,一般都要在三五年以上;从范围上说,大都是全局性工作或涉及面较广的重要工作项目;从内容和写法上说,往往是粗线条的,比较概括,如《××省经济和社会发展五年规划》。

③ 方案:计划中内容比较复杂的一种。从指导思想、主要目标、工作重点、方式、方法到实施步骤、工作要求,一一对专项工作作出全面部署与安排的计划。

④ 安排:计划中较为具体的一种格式。由于某项工作比较确切、单一,不作具体安排就不能达到目的,所以内容要写得详细一些,容易使人把握。方案和安排有共同之处,即写作题材都是单项的工作,只对一项工作作出部署和安排。但二者在内容范围上有大小之分:方案的内容范围适合于上级对下级或涉及面比较大的工作,安排的内容范围则适合于单位内部或涉及面较小的工作,如《××公司关于职员年度考核的工作安排》。

⑤ 计划:狭义的计划是指针对某一个单位的工作或某一大项重要工作进行为期一年、半年左右列出工作的主要目标,内容上比方案简明、集中。

2. 计划具有的特点

① 指导性。计划是以人们对客观规律的认识为基础,通过人的思维加工而制订的。它是实践的反映,同时又指导着人们的实践。

② 预见性。计划是对工作的超前安排,要对下一段工作所能达到的目标做出科学的分析与预见,从而明确未来努力的方向。

③ 针对性。计划是有的放矢针对某一时期、某一任务而制订的,具有一定的针对性。

④ 可行性。计划必须切实可行,这就要求做计划时要实事求是,充分考虑主客观条件。

⑤ 约束性。计划一经通过、下达,就要严格执行,所以计划的约束性又是实现决策目标的保证。

(二) 计划类公文写作要求

1. 写作结构

计划类公文一般由标题、正文、落款三部分组成。

(1) 标题

常见的标题包括四项内容:计划的单位、时限、内容、文种,如《 ××公司 2021—2022 年工作计划》。如果计划尚未正式确定,或是征求意见稿、讨论稿,须在标题后用括号注明"草案""初稿""供讨论用"等字样。

(2) 正文

计划的正文一般由开头、主体、结尾三部分组成。

① 开头,即前言(序言、导言),主要说明制订计划的依据和指导思想。

② 主体,即计划事项,包括具体的任务、目标、措施、步骤。一般可采用序号或小标题的方法展开内容。

任务:即"做什么",是计划要完成的具体事项。任务要具体、明确、重点突出。

目标:即"做到什么程度",是计划完成任务所要达到的基本要求,应有量和质的标准,切合实际,有达到的可能性。

措施:即"怎么做",是指实施计划的具体办法。措施是实施计划、完成任务的保证,是达到目标的具体手段。措施要求实事求是、具体可行。

步骤:即"什么时候做",是指工作的程序和时间安排。

③ 结尾,即结束语。可提出希望、发出号召,以鼓励本单位全体人员为实现计划而努力,但也可视情况而决定要不要写这部分。

(3) 落款

落款包括计划的署名和日期。如标题中已写明单位的,不用再署名。日期指制订计划的年、月、日,可写在标题下或正文的右下方。

2. 写作原则

（1）实事求是，准确可行

计划文书中的设想是建立在各种材料基础之上的，是科学的设想，符合客观事物发展的规律，并不是毫无根据的天方夜谭。因此，写计划文书的各种基础材料，包括数据、信息、资源情况、历史资料等凡是需要参考的资料，一定要准确、真实。如果以假材料为依据，推测出来的设想，将使规划、计划很难实现，还会造成重大失误。特别要防止两种倾向：一是目标定得太高，好高骛远；二是目标定得过低，轻而易举地就能完成。

（2）明确具体，突出重点

计划要定得明确具体。目标、措施、步骤、责任者、时间都要表达清楚、明确，以便于执行，有利于督促检查。要突出中心工作和重点任务，不能事无巨细，胡子眉毛一把抓。同时，还要兼顾一般，围绕中心工作合理安排其他事项。这样既重点突出，又具有针对性。

（3）用语朴实，言简意赅

计划文书与总结、调查报告不同，不需要生动、形象的语言，也不需要过多的修辞手法，一般使用朴实、庄重的语言。因为计划文书的内容都是要求人们未来做的，只有理解明白才能做，才能执行。所以，语言要朴实无华，不能似是而非、模棱两可，特别是任务指标决不能含糊，一定要清清楚楚，表达准确，这是计划文书对语言的要求。

（三）范文

1. 计划范文

情景设定：

小吴是××房产公司销售部经理，新的一年公司要求销售部制定年度工作计划，根据部门的工作内容，小吴制定了如下计划：

××房产公司销售部20××——20××年工作计划

在已过去的20××年里，我所在的销售部在公司领导的正确带领下和部门同事的积极配合下顺利完成了全年的销售任务，虽然在过去的一年里房地产市场有所波动，但是危机与机遇同在，为了能够使销售部更好地开展未来的工作，为公司的发展做贡献，现制定销售部20××年工作计划。

一、扩大销售队伍，加强业务培训

公司无人则止，人才的培养和引进是最根本的，加大人才的补充能够及时补充部门的新鲜血液。选好人、用好人、用对人，加强员工之间的交流，强调团队精神，将个人的工薪发放与整个部门总任务相结合，强调互相合作，互相帮助，营造一个和谐、积极的工作团体。继续加强对销售队伍的业务培训，确定每月一培的制度，多接受销售技能的培训，提高队伍的专业素质，为实现20××年的销售任务打下坚实的基础。

二、密切关注国内经济，及时把握政策走向

在新的一年中，销售部将继续仔细研究国内及本地房地产市场的变化，为销售策略的决策提供帮助。目前政府已出台一系列调控房地产市场的政策，这些政策对20××年的市场到底会造成多大的影响，政府是否还会继续出台调控政策等，都将是销售部全体员工必须关注和加以研究的工作。

三、对比分析不同的销售产品，研究切实有效的销售方法

20××年销售部的工作重点是××公寓的销售，在20××年初完成对产品的特性的了解，挖掘产品卖点。同时对比市场同类产品销售情况和优劣势，仔细分析，并将通过对工作中的数据进行统计分析，找出有效的目标客户群，制定出科学合理的销售计划和任务目标及详细的执行方案。

四、维护新老客户，建立灵活的激励营销机制

20××年销售部计划重新制订业绩考核管理实施细则，激发、调动销售人员的积极性。销售部员工实行工作日记志，每五个工作日必须完成联络两位新客户和三位老客户工作要求，以月度营销任务完成情况及工作日记志综合考核销售业绩。督促销售部员工，通过各种方式稳定老客户，发展新客户。

五、贯彻落实公司的要求，确保销售任务圆满完成

根据公司年初下达的销售任务，把任务根据具体情况分解到每个季度、每月、每周、每日，并以每个季度、每月、每周、每日的销售目标分解到各个销售员工身上，细化完成各个时间段的销售任务，定期对阶段性销售工作进行总结，全力确保完成销售任务。

总之，在新的一年里销售部全体员工会继续提高自身业务操作能力，充分发挥销售部的作用，积极完成销售任务，为公司的稳健发展做出更大的贡献。

20××年×月×日

2. 方案范文

情景设定：

小吴在大学里学的是电子商务专业，大学毕业之后进入一家销售电器的电商公司，今年的"双十一"购物节即将到来，公司领导安排小吴针对今年的"双十一"活动制定一份促销方案。根据领导的要求，小吴制定了如下方案：

××店铺"双十一"促销活动策划方案

一、活动目的

在"双十一"电商大促之际，利用营销手段，吸引消费者，提高店铺的流量，增加店铺的销售额，实现店铺销售业绩与口碑的双重提升。

利用特殊节日开展促销活动，增加产品曝光率，提高品牌知名度，提高店铺销售额度。

二、活动主题

低价风暴　全民疯抢

三、活动时间

1. 预热时间：10 月 20 日至 11 月 10 日
2. 正式活动：11 月 11 日 00：00～11 月 11 日 23：59

四、活动内容

1. 店面装修及整体感觉

在"双十一"来临之前提前对店铺的首页和宝贝内容进行美工、编辑，做到图文并茂，体现大促的气氛，调动消费者的购买欲望。

（1）节前：店铺自主设计预热活动页面，包括首页海报、宝贝详情页、提前优惠促销等，营造购物狂欢氛围，为"双十一"当天的活动打下基础、储备流量。

（2）"双十一"当天：店铺全力营造进行促销的景象，针对商品推出各式各样的促销方式、折扣活动。

（3）节后：店铺要展现节后的余热，对于部分产品可以继续进行适当的促销、打折活动，让迟来的买家仍然能享受到店铺的促销福利。

2. 促销方式

（1）直接打折

（2）买一送一

（3）满额减价

（4）搭配套餐

（5）定金抵扣

五、经费预算

活动前期对店铺进行宣传、增加客服等，预计经费 3 万元。

六、活动要求

1. 商品提前调货

"双十一"商品销售量会急剧增加，店铺提前准备一些商品进行打包，提高发货速度，以免影响店铺评分。

2. 提高客服质量

"双十一"期间消费者的流量增大，店铺需提前增加客服数量，以应对"双十一"的客流量；提前对客服进行"双十一"促销培训，要求客服注意服务质量，在与消费者交流时详细介绍促销活动，促进消费者的购买欲望。

3. 做好商品售后

当顾客在买过店里的宝贝时出现了问题要退货，要及时、有礼貌，和善处理，不要给顾客留下毛病，对物品的问题做出适当的调解，是退货还是协商。

4. 及时总结经验

"双十一"促销活动结束之后,所有参与活动的人员要整理销售数据,进行活动总结,为明年"双十一"活动提供经验。

20××年×月×日

六、总结

(一) 总结概说

总结是社会团体、企事业单位和个人在自身的某一时期、某一项目或某些工作告一段落或者全部完成后进行回顾检查、分析评价,从而肯定成绩,得到经验,找出差距,得出教训和一些规律性认识的一种书面材料。

作为应用文体,总结是人们向更高层次发展的"加速器"。一篇总结质量的高低和社会意义的大小,在于它能否积累经验,把握规律;汇报工作,交流信息;统一思想,优化管理,调动群众的积极性。

(二) 写作要求

1. 总结的结构和内容

总结一般由标题、正文和落款三部分组成。

(1) 标题

总结的标题从形式上分,有两大类,即单行标题和双行标题。单行标题又有两种,即公文式标题和文章式标题。

① 公文式标题:由单位名称、总结时限、总结内容、总结种类构成,如《××办公室 2021 年工作总结》。

② 文章式标题:总结的文章式标题直接标明总结的基本观点和内容范围,多用于专题性总结,特别是经验总结,如《在调整中继续前进的一年》。

③ 双行标题(正副标题):同时使用上述两种形式的标题。多是正题采用文章式标题,点明总结的主要观点或基本经验(教训),让人易于把握;副题采用公文式标题,补充说明单位名称、总结时限和内容。如《思想引领·成长服务———××学院 2021 年共青团工作总结》。

(2) 正文

正文一般由前言、主体、结尾组成。

① 前言:总结的基本情况概述。或概述工作的背景、全貌;或说明工作的指导思想和成果;或将主要成绩、经验、问题找出来,先给读者一个总体的认识。

② 主体:这是总结的中心部分,要具体、细致、生动地介绍成绩和经验。通过分析,把零星的、肤浅的、感性的认识上升为系统的、深刻的、理性的认识,从而肯定成绩和经验,找出问题与教训,从中概括出规律性的东西。

③ 结尾:这部分主要是对下一步工作的设想,提出新的目标。行文应简洁有力,具

有鼓动性和号召力。

（3）落款

如果单位或个人的署名已经署于标题下，此处可省略。如果是用于报送上级的总结，在单位名称处应加盖公章。

2. 总结的写作要求与技巧

（1）注意积累，占有材料

总结是对较长时间内工作的回顾，在整个工作过程中，应时时处处当有心人，为写总结积累材料，尤其是掌握原始材料，是写总结的基础，是得出结论、寻找规律的依据。

（2）探索规律，提炼观点

总结工作的经验教训，找出规律性的东西，这是工作总结的重点。能否认识和反映带有规律性的经验，是衡量一篇总结质量高低的重要标志。

（3）突出特点，抓好重点

要求撰写人不断学习、研究，寻找新经验，抓住特点和重点，写出特色，写深写透。这样写出的总结，才有高度、有新意、有时代感。

（4）实事求是，一分为二

写总结必须从客观实际出发，实事求是地反映本单位的情况，恰如其分地评价所做的工作。

3. 计划与总结的联系和区别

（1）总结是计划执行的结果，做总结既要以计划为依据，又要对计划完成情况作出判断。反之，计划的制订也要以上一阶段的总结为依据，目标、任务、措施都应参照上一阶段总结的情况提出来。

（2）计划在事前，总结在事后。前者在工作之前制订，后者在工作到一定的阶段计划完成后进行。

（3）计划侧重目标任务、具体方法步骤，总结重在概括经验规律。计划是为了完成一定的目标和任务，重在叙述说明。总结是对一定阶段的工作或计划执行情况作出总分析、评价，重在找出规律性的东西，作出理论概括。

（4）计划是做什么，怎么做，做到什么程度。总结是做了什么，做得怎样，有什么规律。

（三）总结范文

情景设定：

小林在大学选择了会计专业，毕业之后进入了银行工作，成为一名普通的柜员。今年年底，她在银行工作刚好满一年，针对这一年的工作情况，她写了一份个人总结。

20××年度个人工作总结

小林

在过去的一年里，在领导的帮助带领下，经过与同事的共同奋斗和自己的积极努力,作为一名刚踏入社会的职场新人,我顺利地完成了自己的工作。在岁末之际,我对这一年的工作做一个认真的总结,总结自己的得与失,总结自己明年该如何去做得更好,以下便是我对自己今年工作的总结:

一、前期工作回顾

1. 在不断学习中收获成长

我作为一名银行系统的"新人",既有着初生牛犊不怕虎的精神,也有着对职业的茫然与憧憬,为了尽快适应新的工作环境,能够很好地胜任本职工作,我刻苦钻研新知识、新业务,在书本上获得理论知识,在柜台工作中获得实践经验,向有经验的同事请教,减少工作中的差错。一年来,在单位领导的指导和单位同事的帮助下,我已经能够熟练掌握各项业务技能、办理程序。

2. 在竭诚服务中赢得微笑

作为银行柜台工作人员,我心中始终奉行服务客户、心系客户的服务理念,文明规范服务是社会对服务行业提出的要求,在为客户服务的过程中,我尽力为客户提供全方位、周到、高效、便捷的服务,做到操作规范、服务周到、用语文明、行为得体,尽量让客户少等、少跑、少问,给客户提供及时、准时、定时、随时的服务,给客户留下了良好的印象,也赢得了客户的信任,全年无客户投诉事件发生。

3. 在敬业守道中获得快乐

我始终坚信只有热爱自己的职业,立足本职,脚踏实地,才能实现自己的人生价值和理想,虽然入职只有一年的时间,我接触的工作都是银行比较日常的工作,但我坚持从自己的本职工作做起,从每一件小事做起,以务实求真、一丝不苟的态度处理每一笔业务;以真诚亲切的心境接待每一位客户;以尽心尽力、全力以赴的工作作风完成领导交办的每一项任务。虽然银行柜员日常的工作比较枯燥,但我不断提醒自己要礼貌对待客户,以宽容的心态去获得客户的理解和尊重,在这一过程中也收获了工作的快乐。

4. 在团结友爱中获得幸福

一个人的能力是有限的,每件事情的成功都需要集体的智慧,不管是在工作中还是生活上,我都非常注意和其他同事的人际关系处理,与同事之间和睦相处,在交流过程中互相提供帮助,既能促进同事之间的关系,同时也培养了自己的交际能力。

二、存在的不足

回望过去的一年,虽然有收获,但也有不足。一是没有学习的紧迫感,当前社会发展的速度越来越快,对各行各业的从业人员的要求只会越来越高,但是自己还缺乏学习的自觉性。对理论基础、专业知识、工作方法等方面的学习不够。二是在工作较累时,客户要求比较多时,有过松弛或者厌烦的思想,这也是自己思想素质不高的体现。

三、展望未来

对于过去的得与失,我会汲取有益的经验,强化自己的工作能力,在以后的工作中改正不好的思想、习惯。今后不断加强理论学习,进一步提高自身素质。转变工作作风,在工作中努力克服自己的消极情绪,提高服务质量和效率。一年的柜员工作让我在合格的职工道路上不断前进,我相信通过领导的指导、向同事请教和自己的努力,我会成为一名优秀的员工,充分发挥我的个人能力,为客户及公司做出自己该有的服务和贡献。

20××年×月×日

七、请示

(一) 请示概说

请示是适用于向上级请求指示、批准的公文。请示属于上行文。凡是本机关无权、无力决定和解决的事项可以向上级请示,而上级应及时回复。请示是应用写作实践中的一种常用文体。

请示具有如下特点:

(1) 一文一事

为了便于领导批复,请示行文必须一文一事。这就是说,每则请示只能请求上级批复一个事项,解决一个问题。

(2) 请批对应

一请示,一批复。没有请示就没有批复。请示所涉及的问题一般较紧迫,没有批复,下级机关就无法工作。因此,下级机关应及时就有关问题向上级机关请示,上级机关应及时批复。

(3) 事前行文

请示应在问题发生或处理前行文,不可先斩后奏。

(二) 写作要求

1. 请示的分类

根据请示的不同内容和写作意图,可分为三种:请求指示的请示、请求批准的请示、请求批转的请示。

(1) 请求指示的请示

此类请示一般是政策性请示,是下级机关需要上级机关对原有政策规定作出明确解释,对变通处理的问题作出审查认定,对如何处理突发事件或新情况、新问题作出明确指示等请示。

(2) 请求批准的请示

此类请示是下级机关针对某些具体事宜向上级机关请求批准的请示,主要目的是解决某些实际困难和具体问题。

(3) 请求批转的请示

下级机关就某一涉及面广的事项提出处理意见和办法,需各有关方面协同办理,但按规定又不能指令平级机关或不相隶属部门办理,需上级机关审定后批转执行,这样的请示就属此类。

2. 请示的结构与写法

请示一般由标题、主送机关、正文、发文机关、日期五部分组成。

（1）标题

请示的标题一般有两种构成形式：一种是由发文机关名称、事由和文种构成，如《××县人民政府关于××的请示》；另一种是由事由和文种构成，如《关于开展春节拥军优属工作的请示》。

（2）主送机关

请示的主送机关是指负责受理和答复该文件的直属的上级机关。每件请示只能写一个主送机关，不能多头请示。

（3）正文

请示的正文，结构一般由原因、主体和结语三部分组成。请示时应将理由陈述充分，提出的解决方案应具体、切实可行。

① 原因：主要交代请示的缘由。它是请示事项成立的前提条件，也是上级机关批复的根据。原因讲得客观、具体，理由讲得合理、充分，上级机关才好及时决断，予以有针对性的批复。

② 主体：主要说明请求事项。它是向上级机关提出的具体请求，也是陈述缘由的目的所在。这部分内容要单一，只宜请求一件事。另外，请示事项要写得具体、明确、条项清楚，以便上级机关给予明确批复。

③ 结语：应另起段，习惯用语一般有"当否，请批示""妥否，请批复""以上请示，请予审批"或"以上请示如无不妥，请批转各地区、各部门研究执行"等。

④ 发文机关：标题写明发文机关的，这里可不再署名，但需加盖单位公章。

⑤ 日期：写明请示的成文时间。

3. 请示写作中的注意事项

请示的注意事项除其特点中所述之外，还应注意请示与报告的区别，切忌用报告代请示行文；请求的内容若涉及其他部门或地区时，在正常情况下应事先进行协商，必要时还可联合行文，如有关方面意见不一致，应如实在请示中反映出来；另外请求拨款的应附预算表；请求批准规章制度的，应附规章制度的内容；请示处理问题的，本单位应先明确表态；正式印发请示送上级机关时，应在文头注明签发人姓名。

（三）请示范文

范文一：

海睿软件公司测试部最新招入王林、张湘等高校毕业生担任该部门的软件测试员。为了让新进员工更好地为公司服务，测试部需要为他们配备计算机等办公设备，因此测试部向上级申请经费 20 000 元。请根据相关信息写一份请示。

测试部关于申请办公经费 20 000 元的请示

海睿软件公司：

我部门近日入职了王林、张湘等 2 名新员工，为了让他们更好地为公司服务，我部门需要为其配备计算机等办公设备。因此，特申请办公设备经费 20 000 元。

妥否，请批示。

海睿软件公司测试部
2021 年 10 月 1 日

范文二：

广州数控设备厂一厂从市区搬往 50 公里外的郊区，虽在新厂附近改了一些职工宿舍，但仍有一部分职工住在市区，往返交通极为不便。厂里为解决这部分职工的交通问题，决定向上级申请批准购买一辆大客车作班车用。上级为广州数控设备总厂。请根据相关信息写一份请示。

一厂关于申请批准购买大客车的请示

广州数控设备总厂：

我厂从市区搬往 50 公里外的郊区，虽在新厂附近改了一些职工宿舍，但仍有一部分职工住在市区，往返交通极为不便。我厂为解决这部分职工的交通问题，特恳请总厂批准我厂购买一辆大客车作班车用。

妥否，请批示。

广州数控设备厂一厂
2021 年 6 月 20 日

八、报告

（一）报告概说

报告是下级机关向上级机关汇报工作、反映情况、回复上级机关的询问的一种陈述性公文。报告使用范围很广。按照上级部署或工作计划，每完成一项任务，一般都要向上级写报告，反映工作中的基本情况、工作中得到的经验教训、存在的问题和今后工作设想等，以取得上级领导部门的指导。

报告的种类很多，按其用途来分，常用的有五种：

① 工作报告，即某项工作进行到一定阶段，以书面形式向上级机关写的汇报材料。

② 情况报告，即就某一问题或某一偶发事件专题向上级汇报的报告。

③ 答复报告，即下级机关回答上级机关询问的报告。

④ 报送报告，即下级机关向上级机关报送文件、物件时随文随物写的报告。

⑤ 例行报告，即上级机关规定届时必送的一种报告。

（二）写作要求

1. 报告的结构

报告的结构主要由标题、主送机关、正文、落款四部分构成。

（1）标题

报告的标题通常采用完全式标题，即由发文机关、事由和文种组成，但有时可根据需要省略发文机关，如《××市人民政府关于治理××河水质污染问题的报告》。

（2）主送机关

在正文之前的上款要写明受文机关的全称或规范化简称，行政机关的报告，主送机关尽量要少，一般只送一个上级机关即可。

（3）正文

报告的正文一般包括缘由、事项和结尾三部分。

① 报告缘由：即为什么要写报告，常用简练的语言直陈其缘由，并用"现报告如下"的习惯语过渡到下文。

② 报告事项：如果报告的是事件，要写明事件的起因、经过、结果和处理意见；若报告是反映问题，则要把反映的问题产生的原因、影响、解决办法写出来；若答复上级询问，则要有针对性地做出相关问题的解答。

③ 报告结尾：一般用呈请语作为文末，如"特此报告""以上报告，如有不妥，请指正"等。

（4）落款

要标注发文机关全称或规范化简称，另外要加盖印章，标明成文时间。

2. 报告的写作要求

（1）要坚持实事求是。报告的性质决定了报告必须要坚持实事求是的原则，不管是汇报工作还是反映问题都要求客观、真实。

（2）要在报告中敢于摆出自己的观点，明确地表明自己对问题的看法。

（3）报告时间及时，报告中不得夹带请示事项。

3. 请示与报告的区别

（1）请示用于向上级机关请求指导、批准，上级接文后一定要给予批复；报告则用于向上级机关汇报工作、反映情况、提出建议，供上级了解情况，为上级提供信息和经验，上级机关接文后，不一定给予批复。

（2）请示内容具体单一，要求一文一事，必须提出明确的请求事项。报告内容较广泛，可一文一事，也可反映多方面情况，但不能在报告中写入请示事项，也不能请求上级批复。请示起因、事项和结语缺一不可；报告行文较长，结构安排不拘一格，因文而异。

（3）请示涉及事项是没有进行的，等上级批复后才能处理，必须事前行文，不能先斩后奏；报告涉及事项大多已过去或正在进行中，可以事后行文，也可以事中行文。请求时间性要求强，报告时间性要求不强。

（4）批准性请示，上级未作出答复前，成文单位无权安排和办理；批转性报告在上级未作答复前，成文单位即可进行安排和部署。

（三）报告范文

2020年12月30日，乐彩贸易公司二楼的财务部发生火灾。事故原因为会计张姗同志出门忘记关闭电脑电源，电源线老化发生短路引起大火。火灾导致办公室内客户资料被烧毁。财务部将火灾情况报告公司总部，请根据相关信息写一份报告。

乐彩贸易公司财务部关于12月火灾的情况报告

乐彩贸易公司：

2020年12月30日，二楼财务部发生火灾。火灾发生后，市消防队及时赶到，经1小时扑救，火灾被扑灭。火灾未造成人员伤亡，但办公室内客户资料被烧毁。

据调查，本次火灾原因为会计张姗同志出门忘记关闭电脑电源，电源线老化发生短路引起大火。我部门已经对该同志进行了严肃的批评教育，扣除工资10 000元。同时，我们重新检查了办公室所有电源，杜绝此类事故再次发生。

今后，我们将认真吸取教训，加强对安全工作的领导，及时消除各种不安全的隐患。

特此报告。

乐彩贸易公司市场财务部
2021年1月2日

九、通知

（一）通知概说

通知适用于发布、传达要求下级机关执行和有关单位周知或执行的事项，批转、转发公文的文种。通知属于下行文，是应用写作实践中的一种常用文体。

通知具有如下特点：

（1）使用的广泛性。

通知是一种非常灵活的文种，既可以用于发布规章制度，又可以转发上级、同级和不相隶属机关的公文，批转下级机关的公文，要求下级机关办理某项事务等。大至国家重大事项，小至基层单位一般事项，皆可使用通知。

（2）功能的指导性。

通知在用于部署工作、批准和转发文件时，侧重于明确处理问题的指导思想、原则、方法和要求，指导性非常明显。

（二）通知的结构和写法

通知一般由标题、主送机关、正文、发文机关、日期五部分组成。

（1）标题

通知的标题有三种写法：其一，发文机关全称＋关于＋通知事项＋通知；其二，关于＋通知事项＋通知，发文机关可以省略；其三，只写通知两字。如果事情重要或紧急，也可以写重要通知或紧急通知。

（2）主送机关

通知的主送机关是被通知的机关全称或规范化简称。通知也可以发给某些群体或某一类人，如"广大市民""媒体朋友们"等。

（3）正文

通知的正文一般由通知的原因、事项和结语三个部分组成。

① 原因：主要交代通知的缘由。写明发布通知的背景、依据、目的和意义等。

② 事项：这是通知的主体部分，主要写明通知的事项。如果事项复杂，则可以分条列项，标明序号，这样简明扼要，被通知者可对通知内容一目了然，便于遵照执行。

③ 结语：应另起段，习惯用语一般有"特此通知"。

（4）发文机关

标题写明发文机关的，这里可不再署名，但需加盖单位公章。

（5）日期

写明通知的成文时间。

（三）通知的注意事项

（1）不能给不相隶属机关发通知。不相隶属机关之间协调工作一般用函的形式。

（2）通知是下行文，不能向上级机关发通知。如上级机关需要了解通知内容，可以采用抄送的形式。

（3）通知事由不宜过长。事由应当说明发文原因，如政策要求、现实问题等，要做到言简意赅，不得啰嗦。

（4）通知事项要罗列清楚。最好分段书写，标明序号，可以采用"其一""第一"等序号。

（四）通知范文

春风汽车有限公司为贯彻市政府安全工作会议精神，落实该厂安全生产事宜，决定于 2021 年 9 月 30 日在 5 楼多媒体会议室召开 2021 年度安全生产工作会议，要求各厂生产厂长准时到会。

通知

春风汽车有限公司各分厂：

　　为充分贯彻市政府安全工作会议精神，落实我厂安全生产事宜，总公司决定召开 2021 年度安全生产工作会议，现将有关事项通知如下：

　　与会人员：汽车公司副总经理黄正良、一厂厂长宏耀、二厂厂长方华、三厂厂长李春明。

会议时间：2021年9月30日9：00—11：00。

会议地点：总公司5楼多媒体会议室。

会议内容：各厂厂长领会市政府安全生产会议精神，简要介绍2021年安全工作开展情况和诊改情况，签订《2021年安全责任书》。

特此通知。

春风汽车有限公司
2021年9月20日

十、学术论文

（一）学术论文概说

学术论文是某一学术课题在实验性、理论性或预测性上具有新的科学研究成果或创新见解和知识的科学记录，或是某种已知原理应用于实际领域取得新进展的科学总结，以及用以提供在学术会议上宣读、交流、讨论或在学术刊物上发表，或用作其他用途的书面文件。概括地说，学术论文是对某个科学领域中的学术问题进行研究后表述科学研究成果的理论文章。

学术论文具有如下特点：

（1）科学性。学术论文必须切实地从客观实际出发，从中引出符合实际的结论，不得主观臆造。在论据上，应尽可能多地占有资料，以最充分的、确凿有力的论据作为立论的依据；在论证时，必须经过周密的思考，进行严谨的论证。

（2）创造性。创造性是科学研究的生命，学术论文的创造性在于作者要有自己独到的见解，能提出新的观点、新的理论。没有创造性，学术论文就没有科学价值。

（3）专业性。学术论文在形式上是属于议论文的，但必须有自己的理论系统，应对大量的事实、材料进行分析、研究，使感性认识上升到理性认识。论文的内容必须符合历史唯物主义和唯物辩证法，符合"实事求是""既分析又综合"的科学研究方法。

（4）平易性。学术论文要用通俗易懂的语言表述科学道理，不仅要做到文从字顺，而且要准确、鲜明、和谐，力求生动。

（二）写作要求

1. 学术论文的写作要求

（1）题目要力求用最简洁、最准确的语言概括文章的内容，或者揭示文章的论点。

（2）摘要必须以高度概括且精确简练的陈述来反映全文的内容，一般200—300字。

（3）作为论文的主体和核心部分，正文的水平决定着整个学术论文的水平。所以正文部分要求内容充实，论据充分、可靠，论证有力，主题明确。

2. 论文基本组成部分

论文基本组成部分有引言、题名、单位和姓名、摘要、关键词、正文、注释或参考文献。

（1）引言

引言又称前言，属于整篇论文的引论部分。写作内容包括：研究的理由、目的、背景，前人的工作和知识空白，理论依据和实验基础，预期的结果及其在相关领域里的地位、作用和意义。引言的文字不可冗长，内容选择不必过于分散、琐碎，措辞要精练，要吸引读者读下去。引言的篇幅大小，并无硬性的统一规定，需视整篇论文篇幅的大小及论文内容的需要来确定，长的可达 700～800 字或 1 000 字左右，短的可不到 100 字。

（2）题名

题名又称题目或标题。题名是以最恰当、最简明的词语反映论文中最重要的特定内容的逻辑组合。论文题目是一篇论文给出的涉及论文范围与水平的第一个重要信息，也是必须考虑到有助于选定关键词和编制题录、索引等二次文献的特定实用信息。论文题目十分重要，必须用心斟酌选定。

（3）单位和姓名

单位和姓名属于论文署名问题。署名一是为了表明文责自负；二是记录劳动成果；三是便于读者与作者的联系及文献检索（作者索引）。大致分为两种情形，即单个作者论文和多作者论文。后者按署名顺序列为第一作者、第二作者……重要的是坚持实事求是的态度，对研究工作与论文撰写实际贡献最大的列为第一作者，贡献次之的列为第二作者，以此类推。

（4）摘要

论文一般应有摘要，有些为了国际交流，还有外文（多用英文）摘要。它是论文内容不加注释和评论的简短陈述。它的作用是不阅读论文全文即能获得必要的信息。摘要应包含以下内容：从事这一研究的目的和重要性；研究的主要内容，指明完成了哪些工作；获得的基本结论和研究成果，突出论文的新见解；结论或结果的意义。文字必须十分简练，内容亦须充分概括，篇幅大小一般限制其字数不超过论文字数的 5％。

（5）关键词

关键词属于主题词中的一类。关键词是标示文献关键主题内容，从论文中选取出来，用以表示全文主要内容信息的单词或术语。一篇论文可选取 3～5 个词作为关键词，便于文献标引。

（6）正文

正文是一篇论文的本论，属于论文的主体，占据论文的主要篇幅。就一般情况而言，大体上应包含问题、理论分析、主要结果论证、结论等部分的内容。论文体现的创造性成果或新的研究结果，都将在这一部分得到充分的反映。因此，为了满足这一系列要求，同时也为了做到层次分明、脉络清晰，常常将正文部分分成几个大的段落。这些段落即所谓逻辑段，一个逻辑段可包含几个自然段。每一逻辑段落可冠以适当标题（分标题或小标题）。"主要结果论证"这一部分是论文的关键部分。全文的一切结论由此得出，一切议论由此引发，一切推理由此导出。这部分需要列出实验数据和观察所得，并对实验误差加以分析和讨论。要注意科学地、准确地表达必要的实验结果，摒弃不必要的部分。实验数据或结果,通常用表格、图或照片等予以表达,而且尽量用图,不用表格或少用表格。

正文的结论部分,应反映论文中通过实验、观察研究并经过理论分析后得出的学术见解。所以,结论应当体现作者更深层的认识,且应从全篇论文的全部材料出发,经过推理、判断、归纳等逻辑分析过程而得出新的学术总观念、总见解。

（7）注释或参考文献

在学术论文后一般应列出参考文献（表）,既反映出真实的科学依据,又体现了严肃的科学态度,分清是自己的观点或成果还是别人的观点或成果,对前人的科学成果表示尊重,同时也是为了指明引用资料出处,便于检索。做注释或参考文献,格式要符合国家标准的规定。

十一、实验报告

（一）实验报告概说

实验报告是在科学研究活动中人们为了检验某一种科学理论或假设,通过实验中的观察、分析、综合、判断,如实地把实验的全过程和实验结果用文字形式记录下来的书面材料。实验报告具有情报交流的作用和保留资料的作用。

实验报告具有如下特点:

（1）确证性。实验报告记录的实验结果,能经得住任何人的重复和验证。

（2）纪实性。实验报告对实验的过程和结果,必须如实记录。

（3）形象性。实验报告常以图解帮助说明。

（4）固定性。实验报告不同于普通报告,格式固定,常使用专用的报告单。

（二）写作要求

实验报告的书写是一项重要的基本技能,一般具有相对固定的格式。实验报告主要包含:实验名称、所属课程名称、学生姓名及学号、实验日期和地点、实验目的、实验原理、实验内容、实验环境和器材、实验步骤、实验结果、参考资料等。

实验报告要以事实为依据,无论是阐述因果关系,还是最终下结论,都必须从事实出发。推理要合乎逻辑,不可无根据地臆断。在写作实验报告时,要按照一定的格式,不能忽视最基本的规范要求。要根据事物的结构特点和逻辑顺序,来考虑表达的形式和表述的方法。文字切忌带个人色彩,一般不采用比喻、拟人、夸张等修辞手法。不可把日常概念当作科学概念,不宜采用工作经验总结式的文字。为了便于交流,实验报告的表述应具有可读性。语言阐述必须精确、通俗,在不损害规范性的前提下,尽可能使用简洁的语言。专门术语可以用,但不能故弄玄虚。

十二、可行性分析报告

（一）可行性分析报告概说

可行性分析报告是有关企业、部门或专家组对拟出台的决策、拟建或拟改造项目进行周密的调查、分析、论证，写出的实施该决策或项目的可行性、有效性的书面报告。可行性分析报告，又称为可行性研究报告，应用范围很广泛，但主要用于经济领域。在市场竞争日趋激烈的背景下，无论是投资于科学研究项目、新产品开发项目，还是市政工程规划、参与基础设施的招投标，可行性分析报告已经是不可或缺的环节。

可行性分析报告能起到决策依据、计划凭据、借贷依凭、实施根据等作用。按内容分，可分为政策可行性报告和建设项目可行性报告。按范围划分，可分为一般可行性报告和大中型项目可行性报告。按性质划分，可分为肯定性可行性报告和否定性可行性报告两种类型。肯定性可行性报告即肯定项目具备实施的必要性和可行性的报告，否定性可行性报告即否定项目具备实施的必要性和可行性的报告。

（二）写作要求

可行性分析报告的基本内容一般根据项目性质、规模大小、复杂程度来决定。研究对象不同，写法也不同。它通常都是单独成册上报的。成册上报时的内容包括封面、摘要、目录、图表目录、术语表、前言、正文、结论和建议、参考文献、附件。总体来说，可行性分析报告一般包括标题、正文、落款和附件四部分。

（1）标题

标题有两种形式：公文式标题和文章式标题。公文式标题由项目主办单位、项目名称和文种组成，如《×××公司能源开发项目可行性研究》；文章式标题只需标明项目的名称和主要内容即可，如《建立×××厂的可行性》。

（2）正文

正文由总论、主体和结论与建议三部分组成。总论写明项目提出的背景、投资的必要性和经济意义、承担者及报告人的简况、研究工作的依据和范围及实施单位等情况。主体使用系统分析的方法，以经济效益为核心，围绕影响项目的各种因素，用大量数据资料全面论证拟建项目是否可行。经过全面、科学的分析后，可行性分析报告提出综合性的评价或结论，指出其优缺点，提出可行或不可行的建议。

（3）落款

落款写明项目主办单位、负责人、主要技术负责人、经济负责人和年、月、日。

（4）附件

为了说明结论，增强可行性报告的说明力度，常需要提供如下一类附件：实验数据、论证材料、计算图表、附图，等等。

十三、调查报告

（一）调查报告概说

调查报告是针对社会生活中的某一情况、某一事件、某一问题，进行深入细致的调查研究，然后把调查研究得来的情况真实地表述出来，以反映问题，揭露矛盾，揭示事物发展的规律，向人们提供经验教训和改进办法，为有关部门提供决策依据，为科学研究和教学部门提供研究资料和社会信息的书面报告。

调查报告具有如下特点：

（1）针对性。调查报告的针对性体现在撰写目的上。撰写调查报告，一是为了给决策者提供决策的依据；二是发现典型，总结经验，指导工作；三是为了让领导机关了解情况，处理实际问题。

（2）写实性。调查报告的主旨是调查研究后揭示的客观事物的本质和规律。在调查报告中，不仅主要人物和事实要真实，就是事件的时间、地点、过程及各种细节，也要绝对真实，不能有半点浮夸和歪曲。

（3）逻辑性。调查报告的表达采用叙议结合的方式，简明扼要、条理清楚地叙述事实，以了解、剖析事物的本质及其发展趋向，对于解决问题具有积极的作用。

（二）写作要求

调查报告一般由标题和正文两部分组成。

（1）标题

调查报告的标题形式比较灵活，通常有两种构成形式：一种是双行标题，又称为主副式标题；一种是单行标题。双行标题由主标题和副标题构成，与新闻专访的标题相似。单行标题又分两种构成形式：一种是公文式标题，由事由和文种构成；另一种是内容概括式标题，这种形式相当灵活。

（2）正文

正文一般分前言、主体、结尾三部分。前言部分着重介绍基本情况并提出问题。主体部分即调查报告的核心内容，要详述调查研究的基本情况、做法、经验，分析调查研究所得材料中得出的各种具体认识、观点和基本结论。结尾部分是调查报告的结束语，要简明扼要，言尽即止。

调查报告的数据采集环节是整个项目的一项重要的基础工作，包括文本信息采集和影像信息材料采集。在调查数据采集这一环节中，主要工作内容是整理数据资料，做到真实、全面、准确、详细、统一。原始资料的获得除了采用访问方法和观察方法外，也可以采用定性研究方法。定性研究方法是对研究对象的内在规定性进行科学抽象和理论分析的研究方法。这种方法是选定较小的样本对象进行深度的、非正规性的访谈，以进一步弄清问题，发掘内涵，为随后的正规调查做准备。在数据的处理上，要注意点面结合，既要有典型个案材料，也要有综合型数据材料，以增强说服力。调查报告要在充分占有材料的基础上进行分析研究,提炼新颖的观点,从而突出主题。

调查报告是日常工作中经常性的工作,主题立意要新,在提炼主题和观点的过程中,要以敏锐眼光发现新的有价值的材料,并以新的视角分析取舍材料,以反映本质性和规律性的问题。

调查报告必须实事求是地反映工作、情况和问题,绝不能任意夸大或缩小事实。写调查报告要认真调查研究,尽量掌握第一手材料,包括概括性材料和各种具体典型事例,要对材料去粗取精,去伪存真,深入研究分析,准确提炼和表达观点。

调查报告内容丰富,各种不同类型报告写作的侧重点各不相同,写作时要根据内容和行文目的,合理安排结构,分清主次,突出重点,详略得当。

十四、广告文案

(一)广告文案概说

广告文案,又称广告企划,是在市场调查研究基础上,对广告整体活动或某一方面活动的预先设想和策划。广告文案是把在广告活动中所要采取的一切部署列出,指示相关人员在特定时间予以执行,是广告活动的正式行动文件。广告文案是广告中至关重要的一环,不仅是广告策划与创意的物化,而且是广告的核心与灵魂的集中表达。

(二)写作要求

广告文案有两种形式:一种是以书面语言叙述的广告策划文案,这种把广告策划意见撰写成书面形式的广告计划又称为广告策划书,运用广泛;另一种是表格式的,列有广告主现在的销售量或者销售金额、广告目标、广告诉求重点、广告时限、广告诉求对象、广告地区、广告内容、广告表现战略、广告媒体战略、其他促销策略等栏目。这种文案比较简单,使用面不广。

广告文案的写作,一要真诚,做到文案信息的真实可靠;二要借助于传播的有效性;三要立足于构思的独创性。

广告文案一般由封面、广告策划小组名单、目录、前言、正文、附录、封底设计等部分组成,正文分为以下部分:

(1)市场分析

简短地叙述广告主及广告产品的历史,对产品、消费者和竞争者进行评估,包括市场环境分析、消费者分析、产品分析、企业和竞争对手的竞争状况分析、企业与竞争对手的广告分析等,为后续的广告策略部分提供有说服力的依据。撰写时可根据企业目标市场所处区域的宏观经济形势、政治背景、法律背景、文化背景等进行分析,把广告产品与市场中各种同类商品进行比较,说明广告产品自身具备的特点和优点,并指出消费者的爱好和偏向。

(2)产品定位

产品定位是指产品在潜在顾客心目中占有的位置,重点是在对未来潜在顾客所下的功夫。产品定位模式有三种：领导者的定位、挑战者的定位和细分市场的定位。

（3）问题点与机会点

一般应根据产品定位和市场研究结果，阐明广告策略的问题点与机会点，说明用什么方法使广告产品在消费者心目中建立深刻的印象。

（4）广告媒介策略

也可另行制订媒体策划书。一般至少应清楚地地叙述使用的媒介、使用该媒介的目的、媒介策略、媒介计划。

（5）市场计划

要详细说明广告实施的具体操作细节。

（6）广告经费预算

要根据广告策略的内容，详细列出媒体选用情况及所需费用、每次刊播的价格，最好能制成表格，列出调研、设计、制作等费用。

（7）广告效果预测和监控

主要说明经广告主认可，按照广告计划实施广告活动预计可达到的目标。

十五、合同

（一）合同概说

合同是平等主体的自然人、法人、其他组织之间设立、变更、终止民事权利义务关系的协议。它是签订合同的两个或者两个以上当事人之间，为实现一定的经济目标，明确相互之间权利或者义务关系的协议。

（二）写作要求

合同的写作内容一般分为下列四个部分。

（1）标题

标题主要有以下两种类型：

① 合同性质＋文种，如《借款合同》《仓储合同》。

② 合同标的＋合同性质＋文种，如《汽车租赁合同》《苹果买卖合同》。

（2）约首

在标题之下要写明订立合同双方或多方的名称，而且应按照其法定核准的名称写全称，不能写别人不了解的代称、代号、简称，也不能用"你方""我方"代替。为叙述方便，习惯上常在双方当事人名称后括号内注明甲方、乙方，或者将当事人名称直接写成"供方、需方"或者"发包方"和"出租方、承租方"等，如有中介方也需写明。有的合同还有编号、签订的时间、地点等。

（3）正文

正文的结构包括前言、主体和结尾三部分。前言即合同的开头部分，简要地写明订立合同的目的、根据，常用"为了……根据……法律的规定……双方经过充分协商，特订立本合同，以便共同遵守"等习惯语过渡领起下文。主体分项写合同的各项条款，包括法定条款和约定条款。合同一般有如下内容和条款：标的、数量和质量、价款和酬金、履行合同的期限、违约责任、解决争议的方法。结尾主要写与订立合同有关的事项说明，如说明解决争议的方法、合同的份数、保管及有效期，说明合同所附的表格、图纸、实物等附件。

（4）约尾

约尾要写明双方单位全称和代表姓名，以及签订合同的日期，并签名盖章；还应写上合同当事人的有效地址、邮政编码、电子邮箱、电话、电报挂号和开户银行、账号等。

参考书目

[1] 商务印书馆辞书研究中心. 古代汉语词典（第2版）. 北京：商务印书馆, 2014.

[2] 肖鹏, 王兆鹏著. 重返宋词现场. 上海：东方出版中心, 2021.

[3] 李璐, 朱理鸿, 邹华主编. 经典诵读与专业应用文写作. 重庆：重庆大学出版社, 2018.

[4] 陈引驰编著. 你应该熟读的中国古文. 上海：上海文艺出版社, 2017.

[5] 陈引驰编著. 你应该熟读的中国古词. 上海：上海文艺出版社, 2018.

[6] 北岛. 北岛诗歌集. 海口：南海出版社, 2003.

[7] 冰心. 繁星·春水. 北京：人民文学出版社, 2003.

[8] 戴望舒. 雨巷. 北京：中国广播电视出版社, 1996.

[9] 顾城. 顾城诗集：心灵深处的对话. 厦门：鹭江出版社, 2006.

[10] 江河. 从这里开始. 广州：花城出版社, 1986.

[11] 鲁迅. 鲁迅散文·诗全集. 郑州：河南人民出版社, 1994.

[12] 舒婷. 会唱歌的鸢尾花. 成都：四川文艺出版社, 1986.

[13] 舒婷. 舒婷的诗. 北京：人民文学出版社, 2004.

[14] 余秀华. 月亮落在左手上. 桂林：广西师范大学出版社, 2015.

[15] 臧克家. 烙印. 北京：人民文学出版社, 2000.

[16] 郑欣淼, 星汉等. 中华通韵. 北京：语文出版社, 2020.

[17] 吴小如等. 汉魏六朝诗鉴赏辞典. 上海：上海辞书出版社, 1992.

[18] 萧涤非等. 唐诗鉴赏辞典. 上海：上海辞书出版社, 1983.

[19] 徐中玉等. 中国古代文学作品选（一）. 上海：华东师范大学出版社, 1999.

[20] 黄岳洲. 中国古代文学名篇鉴赏辞典（上）. 北京：华语教学出版社, 2013.

[21] 龚克昌等. 白居易诗文选注. 上海：上海古籍出版社, 1998.

[22] 李人杰, 闵靓, 张爱军主编. 阅读与欣赏. 第2版. 北京：中国农业大学出版社, 2015.

[23] 江西省人民政府. 名人荟萃. 2021-08-27.

[24] 钟嵘. 诗品. 上海：上海古籍出版社, 2020.

[25] 马玮主编. 王维诗歌赏析. 北京：商务印刷馆国际有限公司, 2017.

[26] 王晓颖.《荷塘月色》教学解读史研究. 西北师范大学, 2017.

[27] 王志彬著. 北京四中语文课：名篇品读. 北京：商务印刷馆国际有限公司, 2017.

[28] 张治富主编. 经典诵读诗文精选. 北京：清华大学出版社, 2013.

[29] 马骏编著. 散文写作教程. 上海：复旦大学出版社, 2020.